LA VITA DEL
BUDDHA

Discovery Publisher

Titolo originale: The Story of The Buddha
2014, Discovery Publisher

Per l'edizione italiana:
©2015, Discovery Publisher
Tutti i diritti riservati

Autore : Edith Holland
Traduttori : Sarah Lasaracina, Antonino Graziano
Editore : Barbara Cancian
Caporedattore : Adriano Lucca

616 Corporate Way
Valley Cottage, New York, 10989
www.discoverypublisher.com
edition@discoverypublisher.com
facebook.com/discoverypublisher
twitter.com/discoverypb

New York • Paris • Dublin • Tokyo • Hong Kong

SOMMARIO

LA VITA DEL
BUDDHA

Introduzione

PRIMA DELL'AVVENTO DEI libri, le testimonianze degli eventi storici erano tramandate oralmente. Era quindi naturale che, col passare del tempo e man mano che una storia veniva ripetuta, si sarebbero gradualmente aggiunti molti dettagli al racconto originale. Pertanto, in tutte le storie dei tempi antichi troviamo mischiati fatti e leggenda.

E così anche per la storia che sto per raccontarvi. Quando la vita di Buddha fu raccontata più volte, in Paesi molto lontani dai luoghi in cui gli eventi erano avvenuti, furono aggiunti alla semplice narrazione originale aneddoti di meraviglie e miracoli. Molte di queste leggende, che sono affascinanti, erano volte a essere intese come allegorie e le storie così raccontate sono sempre state le preferite dagli orientali.

Capirete che talvolta è difficile distinguere i fatti dalle leggende che sono state aggiunte in seguito. Ma, dopotutto, perché dovremmo preoccuparci di questo? Sappiamo che gli avvenimenti di maggior importanza nella meravigliosa vita di Buddha sono fatti storici e questo è ciò che conta davvero.

Capitolo I
Oriente ed Occidente

STO PER RACCONTARVI la storia della vita di un grande uomo. Egli non fu grande nel senso comune della parola, per le sue conquiste o per le sue gesta eroiche; al contrario, per molti anni della sua vita, egli fu un mendicante. Buddha è il nome con cui egli è generalmente designato ma, prima di cominciare la mia storia, occorre raccontarvi qualcosa a proposito delle terre in cui egli visse ed insegnò: il grande e misterioso Oriente, che è del tutto diverso dalla parte del mondo in cui viviamo noi. La caratteristica più evidente della modernità occidentale è il Cambiamento. Pensate a tutti i cambiamenti avvenuti solo negli ultimi cent'anni. Sono state inventate le ferrovie e le automobili, incredibili invenzioni hanno incentivato la meccanica, meravigliose scoperte hanno rivoluzionato la scienza, l'elettricità è arrivata in tutte le strade e le case, e tanto altro ancora. Se i nostri predecessori potessero vedere il nostro mondo occidentale oggi, stenterebbero a riconoscerlo.

Gli orientali non desiderano questi cambiamenti e, laddove gli occidentali non si siano intromessi, i loro usi e costumi rimangono gli stessi da centinaia d'anni. Se qualcuno dei Patriarchi di cui leggiamo nella Bibbia visitasse uno dei luoghi in cui dimorava un tempo, lo ritroverebbe familiare e vi ritroverebbe una quotidianità simile a quella vissuta in epoche lontane. Vi troverebbe il bestiame al pascolo tra i campi di grano e le donne a trasportare l'acqua esattamente come accadeva più di duemila anni fa. Anche nell'aspetto la gente non è molto cambiata: non esiste la moda in Oriente e le stesse graziosissime stoffe indossate ai tempi dei nostri Patriarchi sono indossate ancora oggi.

La fretta e il trambusto delle nostre vite è in contrasto con la passiva e sognante «Vita orientale. In Occidente la gente è indaffarata e ansiosa di fare più di quel che può in un solo giorno; se non è al lavoro, la gente è indaffarata a divertirsi e in pochi si siedono a pensare; pensare è considerato una perdita di tempo. Al contrario, in Oriente nessuno si precipita se non strettamente necessario, e il tempo e la puntualità hanno ben poco valore.

L'Occidente è il nuovo mondo dell'Azione e del Progresso, mentre l'Oriente è l'antico mondo del Pensiero. Nessuno dei due è giusto o sbagliato. Ogni razza del genere umano possiede le proprie caratteristiche e cerca di migliorare il mondo per raggiungere quelli che, soggettivamente, sembrano gli obiettivi più importanti. È per questo che, ad esempio, i greci ci hanno insegnato il valore della vera bellezza, lasciandoci modelli di bellezza finora ineguagliati; i Paesi dell'Occidente, ancora, hanno eccelso in scienza ed arti meccaniche, ed è ad essi che dobbiamo le comodità della vita di tutti i giorni; ma è all'Oriente che bisogna guardare quando cerchiamo il pensiero spirituale dal quale sono nate le religioni che hanno segnato la storia dell'umanità. È in Oriente che nacquero i grandi profeti dell'umanità — Mosè, Buddha, Maometto il profeta dell'Arabia — e non bisogna dimenticare che fu grazie ad un uomo orientale, in terre orientali, che il messaggio di Cristo fu svelato la prima volta. Ogni più profondo pensiero in materia spirituale ha avuto origine in Oriente: il mondo potrebbe facilmente rinunciare alle scoperte della civiltà moderna, ma non alla saggezza orientale. Non sarebbe poi così rilevante se, invece di regolare la manovella del rubinetto, si dovesse andare a riempire la brocca nel pozzo, ma farebbe una grande differenza se non avessimo mai sentito parlare della vita ultraterrena e del Regno della Rettitudine.

Dunque, Oriente ed Occidente hanno perseguito obiettivi del tutto differenti. Chi può determinare chi abbia scelto meglio?

· · · · · ·

Il nome dell'Oriente è avvolto da un aura d'incanto e mistero e visitare per la prima volta un paese orientale è come aprire un nuovo libro di bellissime favole, in cui tutto è diverso de quello a cui siamo abituati nella nostra quotidianità. I meravigliosi colori, che risplendono ancora più luminosi sotto un cielo blu zaffiro, gli uccelli dalle piume colorate, gli splendidi fiori e frutti e tutte le nuove fantastiche vedute danno l'illusione di vivere in una terra incantata.

In ogni caso, non dovete figurare l'Oriente unicamente come una terra di favole e delizie, perché esso è fatto anche di sconforto, come qualsiasi altro posto, se si guarda oltre l'apparenza. Nei paesi civilizzati la tristezza e la bruttezza sono nascoste il più possibile, e i più fortunati non conosceranno mai la miseria che affligge il mondo. In Oriente, invece, le cose seguono il loro corso e si rispettano leggi della Natura senza interferenze. Le tristi scene a cui i nostri occhi assistono per le strade delle città orientali ci ricordano che « L'intera creazione geme e lotta nel dolore ». In strada giacciono mendicanti, come Lazzaro, con le loro piaghe esposte ai roventi raggi del sole, che chiedono la carità ai passanti ; sulle scale delle moschee o di altri grandi edifici si affollano i ciechi e gli storpi. Un uomo dal volto coperto potrebbe rivelarvi un viso lebbroso bianco come la neve. Passeggiando tra i campi di riso potreste scorgere un toro morente circondato da uno stormo d'avvoltoi che si avvicinano passo dopo passo, in attesa del loro banchetto.

È per tutto questo che la gente orientale familiarizza sin da subito con la sofferenza e la malattia ; le persone lì sono più pazienti e rassegnate e temono meno la morte. La durezza della vita è un dato di fatto ed è accettata in quanto tale. Lo si capisce da molte cose. La musica è il linguaggio che esprime i pensieri ed i sentimenti della gente. In Europa la maggior parte delle canzoni che diventano popolari è di natura gioiosa, in Oriente invece esse sono tristi e commoventi, ma quasi sempre bellissime. Una breve melodia lamentosa composta di circa tre note, ripetute inesorabilmente in una monotonia senza fine.

« Ma, proprio grazie alla consapevolezza che la vita sia complessivamente triste, gli orientali sono capaci di godere appieno delle gioie che essa gli riserva. Per certi versi essi sono persone molto semplici, che accolgono i piaceri quasi come fossero bambini. Vivono a stretto contatto con la natura, in una maniera che noi non potremmo mai eguagliare. La civiltà moderna tende a rendere le nostre vite artificiali, e noi spendiamo gran parte del nostro tempo in casa, uscendo ad intervalli solo per allenarci o divertirci. Eccetto i pochi che hanno studiato tale materia, sappiamo pochissimo circa le abitudini degli uccelli e degli animali, e siamo atti a guardare la Natura come qualcosa di nettamente separato all'essere umano. In Oriente, però, è diverso; la gente non ha bisogno di studiare la Natura nei libri, in quanto la quotidianità è strettamente legata ad essa e le persone vivono con familiarità accanto agli uccelli e agli animali. È per questo che nelle pianure indiane potrete vedere bambini nudi che portano al pascolo bufali d'acqua alle porte della giungla e vedrete le bestie seguirli in maniera sottomessa, eseguendo le loro indicazioni, nonostante secondo gli stranieri europei non sia sicuro avvicinarvisi.

Le religioni indiane sono molto antiche e venivano praticate già centinaia d'anni prima della diffusione della cristianità. In precedenza gli europei conoscevano ben poco circa queste antiche religioni, ed erano inclini a considerare i fedeli degli altri credi dei pagani idolatri. È solo in tempi più recenti che gli studenti hanno cominciato a studiare le lettere antiche, riuscendo finalmente ad interpretare testi sacri come quelli buddhisti, induisti, o altri. Durante il diciannovesimo secolo, tali scritture furono tradotte e, grazie a queste traduzioni, abbiamo imparato che Dio non ha confinato quelle persone nell'oscurità dell'oblio. Malgrado esse non abbiano avuto l'opportunità di giungere alla piena conoscenza di Dio, gli è stata donata abbastanza luce per condurre nobili vite lungo il cammino della verità e della negazione di sé.

Capitolo II
Il Regno dei Sakyas

LE PERSONE DELL'INDIA sono sempre state religiose; la loro religione è molto importante per loro, ed ha una grande influenza nelle loro vite. La religione prevalente in India è l'Induismo, o come viene spesso chiamata, Brahmanesimo. Questa religione è sempre esistita, con diversi cambiamenti, sin dai primi momenti di cui abbiamo testimonianza. Si pensa che abbia le sue origini nella venerazione dei poteri della Natura, o meglio negli esseri che si suppone possano controllarli. Così c'era Indra, il dio dell'aria o del cielo; Rudra, il dio delle tempeste, che si manifesta sotto forma di luce, colpendo uomini e bestie. C'era un dio del fuoco, del sole, del vento, e di tutti questi dei o spiriti si pensava che sentissero le preghiere degli uomini e che accettassero i loro sacrifici. Nel corso del tempo furono immaginati altri dei, oppure vennero dati nuovi nomi a quelli già esistenti.

Col tempo le persone dell'India si resero conto di credere in un Dio più grande, al di sopra di questi dei della Natura. Gli diedero il nome di Brahma, e credevano che fosse il creatore del mondo, degli uomini e degli dei—la fonte della vita, in cui ogni essere vivente avesse origine e fine. La popolazione indiana ha creduto a lungo in ciò che è chiamata reincarnazione dell'anima, ovvero la rinascita di un'anima in un altro corpo. Così pensano che quando un uomo passa a miglior vita la sua anima entrerà nel corpo di un altro essere vivente. Le buone e le cattive azioni di un uomo ne determinano le condizioni nella prossima vita—se ha fatto opere buone, rinascerà di nuovo e si troverà in uno stato di felicità, ma se ha fatto opere cattive, rinascerà in uno stato di pena e miseria, sia che si tratti di un animale o di una persona. Gli induisti credono che la maggior parte delle avversità di cui soffriamo sia una punizione per i peccati commessi nella vita precedente. Hanno una grande simpatia verso gli animali, e sentono che anche loro hanno un'anima come la loro, che aspira a raggiungere uno stato di perfezione. Tuttavia un uomo deve vivere innumerevoli vite prima che la sua anima sia in perfetta sintonia con Brahma, a cui alla fine tutte le vite devono ritornare, come l'umidità che sale dal mare e ricade sulla terra sotto forma di pioggia troverà la propria via attraverso i fiumi e così ritornerà nell'oceano. Quando un'anima ha trovato la perfezione, non si reincarnerà per soffrire, ma otterrà la pace eterna. È questa salvezza, questa unione con Brahma, che è desiderata ardentemente da tutti gli induisti.

Sebbene le persone venerassero diversi dei, c'erano, da tempi remoti, uomini riflessivi, o filosofi, i quali credevano che tutti gli dei minori fossero simboli del grande creatore Brahma. Questi santi uomini lasciarono le loro occupazioni terrene e andarono a vivere nelle foreste dove erano indisturbati, e potevano pensare ai misteri della vita, morte, e al mondo oltre la tomba. Credevano che se avessero controllato i loro corpi dalla fame, la loro mente si sarebbe illuminata, e sarebbe stata in grado di comprendere i grandi misteri che cercavano di scoprire. Le persone rispettavano profondamente questi santi uomini per la loro saggezza e conoscenza; perfino i re si inchinarono a loro, e chiesero loro consigli su fatti importanti.

In passato l'India non era sotto il controllo di un sovrano, ma era divisa in piccoli stati. I sovrani di questi stati erano chiamati raja, o re, ma i loro regni erano talvolta molto piccoli. Se si guarda la mappa dell'India, si comprenderà meglio dove sono avvenuti gli eventi di cui sto parlando. Prima di tutto si deve trovare il fiume Gange, circondato da una zona fertile da sponda a sponda e luogo in cui l'eroe della nostra storia ha passato molti anni della sua vita, girovagando di luogo in luogo insegnando le sue dottrine. Quella che è adesso lo stato dell'Oudh, in quei tempi era il potente regno di Kosala, e la provincia di Behar, che si trova ad est dell' Oudh, era una volta il regno di Magadha. Sentiremo cose interessanti su questi due regni nel corso della nostra storia.

A nord-est dell'Oudh scorre il fiume Rapti; ad est di questo fiume si trova una lunga striscia di terra fertile e ben irrigata, dove ci sono molte risaie, foreste e piante di mango e tamarindo. Nei giorni della nostra

La profezia del saggio
(Sidney Stanley)

storia questo era un piccolo stato indipendente, un po' più piccolo dello Yorkshire. Era circondato a est dal fiume Rohini, che scorreva nel Rapti vicino la città attuale di Gorakhpur; al nord si innalzavano le montagne del Nepal, e alle spalle si vedevano le cime innevate dell'Himalaya. Gli abitanti di questa terra erano conosciuti come Sakyas, e sulle sponde del Rohini, sorgeva la loro capitale—Kapilavatthu. I nomi orientali sono tuttora difficili da ricordare, e dato che questo è importante e non bisogna dimenticarlo, vi racconterò la storia della nascita della città, e in seguito capirete il significato di questo nome, così come quello della tribù che possedette questa terra.

Tanto, tanto tempo fa, tra la nebbia dei tempi passati, di cui è impossibile persino ipotizzare una data, c'era un re che aveva cinque figli. Regnava su un paese chiamato Potala. Promise alla regina che avrebbe lasciato il trono al suo figlio più piccolo, e quando il figliolo crebbe, i quattro fratelli più grandi furono cacciati. Accompagnati dalle loro sorelle e un gran numero di servi, lasciarono la casa reale, per cercare fortuna altrove. Andando verso nord, viaggiarono per molti molti giorni, fino a quando non giunsero ad una terra fertile, dove scorrevano fiumi e crescevano foreste fittissime, e in lontananza si ergevano verso il cielo azzurro le bianche vette dell'Himalaya.

I fratelli si fermarono nei pressi di un fiume, costruirono capanne di foglie, e si procurarono il cibo cacciando le bestie selvagge nelle giungle vicine. Sulle sponde di questo fiume, viveva un eremita, un santo uomo, che si era ritirato dal mondo per passare la sua vita in una pia meditazione. Kapila, così si chiamava l'eremita, diede ai fratelli molti consigli saggi, e alla fine li persuase a costruire una città. Segnò i confini con sabbia dorata mista ad acqua, e quando la costruzione fu terminata la città venne chiamata Kapilavatthu. La parola «vatthu» significa «terra», e dato che l'eremita Kapila diede la terra dove sorse la città, fu chiamata Soil of Kapila (Città di Kapila), o Kapilavatthu.

Qualche tempo dopo, il re di Potala, indagò su cosa ne fosse stato dei suoi quattro figli, e gli fu riferita la storia della loro avventura. Quando sentì il modo in cui si erano allontanati in una terra straniera e avevano fondato una città, rimase stupito della loro audacia, e li chiamo i giovani coraggiosi. E da quel momento i figli del re, e i loro discendenti, furono chiamati i Sakyas, che significa «Coraggiosi» o «Intraprendenti». Così venne fondato il regno dei Sakyas, e le vecchie storie dicono che molti re vennero dopo questi avventurosi ragazzi, e regnarono su Kapilavatthu. Negli anni a venire, fu costruita, sull'altra sponda del fiume Rohini, una seconda città chiamata Koli.

Tra cinque e seicento anni avanti Cristo, il re Suddhodana regnò nella terra dei Sakyas. Era il discendente di uno dei quattro fratelli della storia che vi ho appena raccontato. Il re Suddhodana sposò le due figlie del re di Koli, al quale era legato. I nomi delle mogli del re erano Maya e Pajapati. Il re non ebbe figli, e questo fu un grande dolore perché non aveva nessuno che prendesse il suo posto.

Accadde però che la regina Maya fece quattro sogni, nei quali apparvero molti segni e premonizioni, e nell'ultimo dei quattro sogni vide una moltitudine di persone che si inchinò a lei. Questi sogni furono considerati di grande importanza, e il re invitò a corte sessantaquattro saggi per interpretare i sogni della regina. Fu preparata una festa, venne servito riso e miele in piatti d'oro e argento; regali costosi, come bestiame e vestaglie di seta, furono preparati per i saggi in loro onore. Quando discussero del significato dei sogni, dissero alla regina di rallegrarsi, perché avrebbe avuto un figlio e che avrebbe avuto i trentadue segni di un grande uomo. Ma c'era una scelta da fare tra due diversi tipi di grandezza. «Se», disse l'uomo saggio, «starà nella casa reale, diventerà un potente sovrano come non si è mai visto al mondo in dieci mila anni—le sue conquiste si estenderanno fino ai confini più lontani della terra, e tutte le nazioni si inchineranno di fronte a lui. Ma «se», il saggio continuò, «sceglierà di rinunciare a questo mondo, di lasciare la sua casa e andare per strada, rasare i capelli e indossare vestiti da mendicante, dopo diventerà un grande santo, un illuminato».

A tempo dovuto, la regina Maya ebbe un figlio, e ci fu grande gioia in tutte le terre dei Sakyas. La leggenda narra di molti segni e miracoli che ebbero luogo al momento della nascita del bambino. Tutta la natura sembrò rinascere—fontane di acqua sgorgavano da terre aride, la frescura entrò pian piano nelle foreste, e una grande luce illuminò tutta la terra. Il mondo degli spiriti rinacque, e i devas, o angeli, offrirono fiori al neonato.

Su una montagna dell'Himalaya dimorava un santo uomo. Apprendendo della nascita del bambino, andò a vederlo, e prendendolo in braccio, profetizzò che sarebbe diventato un Buddha, o un Illuminato; « ma », aggiunse l'uomo saggio tristemente, « non avrò la possibilità di vedere tutto ciò ». Il re Suddhodana, sentendo della futura grandiosità del bambino, si inchinò prima di lui.

Sette giorni dopo la nascita del proprio figlio, la regina Maya morì, ma sua sorella Pajapati, l'altra moglie del re, si prese cura del bambino come se fosse suo, e diventò per lui la seconda madre. Il principe fu chiamato Siddhattha, e crebbe nella casa di suo padre amato da tutti.

Capitolo III
La Giovinezza di Siddhattha

NOTERETE CHE L'EROE della nostra storia sarà chiamato con diversi nomi quali Buddha, Siddhatta e Gotama. Siddhatta fu il nome conferito al Principe dai suoi genitori, come il nostro nome di battesimo, e Gotama era il suo nome di famiglia. È interessante ch'esso sia ancora il cognome della famiglia a capo del villaggio che si erge laddove un tempo si trovava Kapilavatthu. Buddha può significare «l'Illuminato» o «il Risvegliato», quindi non è davvero un nome, ma un titolo che fu conferito a Gotama quando ottenne la massima conoscenza e diventò guida del genere umano. Spesso, dunque, ci si riferisce a lui come Gotama il Buddha. Ci furono tanti altri titoli che i suoi seguaci conferirono al maestro e quella di Sakyamuni, «il Saggio del Sakya», è ad esempio la denominazione oggi comunemente usata dai buddhisti cinesi. Egli fu anche chiamato Sakya-sinha «il Leone della tribù del Sakya», Jina «il Conquistatore», Bhagavat «il Benedetto» e vari altri titoli. Riferendoci al periodo in cui il Principe visse nella casa del padre, in quanto erede al trono, lo chiameremo Siddhattha.

Re Suddhodana era devoto a suo figlio che, ancora in fasce, già ammaliava chiunque gli si avvicinasse grazie alla sua bellezza e alla sua grazia. Quando il Re guardava il bambino, però, le profezie del saggio gli tornavano alla mente, dandogli un fremito d'ansia : « Se egli rimarrà in questa casa, diventerà un grande monarca, ma se si darà alla mendicanza, diventerà un Buddha, un maestro per il genere umano.» Il Re, naturalmente, desiderava ardentemente tenere suo figlio al suo fianco e vederlo incoronato in tutta la sua grandezza terrena. Quindi, decise di circondare il Principe di ogni lusso, in modo tale che egli restasse a casa soddisfatto e diede ordine che egli non venisse mai a conoscenza di realtà più umili e difficili ; per questo, nessuno storpio o nessun uomo dall'aspetto sgradevole poteva osare avvicinarsi al palazzo. Il giovane

Principe, in quelle mura, era accudito da balie belle ed attraenti e da servi pronti ad esaudire ogni suo desiderio.

La terra del Sakya era ricca e fertile: ampi fiumi scorrevano dai pendii dell'Himalaya e bagnavano gli innumerevoli campi di riso che occupavano le pianure tra le fitte foreste. L'agricoltura era la principale occupazione degli abitanti della regione e, essendo il riso la loro primaria risorsa alimentare, le coltivazioni di riso lì avevano la stessa importanza che i campi di grano hanno per le nazioni europee o americane. Re Suddhodana possedeva qualche acro che coltivava personalmente. A tal proposito, potrebbe interessarvi sapere che «Suddhodana» significa «riso puro»; potrebbe sembrare strano per noi occidentali un tale fenomeno ma lo stesso accade per alcuni nomi di famiglia di culture a noi più vicine, come quella inglese, in cui il cognome «Wheatcroft» riunisce letteralmente le parole «grano» e «campo», un appellativo sicuramente coniato in antichità e conferito a proprietari di campi di grano. Ogni anno in città si celebrava il festival dell'aratura, un evento atteso dal Re e da tutti i signori di Sakya. In quell'occasione, nella città di Kapilavatthu aleggiava un'aria di festa e le strade si riempivano di bandiere e ghirlande floreali; la gente, gaiamente vestita per l'occasione, sfilava attraverso le porte della città per raggiungere la piazza scelta per la festa. Migliaia di aratri, con i loro buoi erano lì pronti e il Re in persona, assieme ai suoi ministri, prendeva parte all'aratura. Il suo aratro era decorato in oro, come anche i buoi ad esso aggiogati; gli aratri dei ministri, invece, erano decorati in argento.

Una volta, seppur ancora in tenera età, il Principe Siddhattha fu anche lui condotto al festival dell'aratura. Probabilmente il Re era così fiero del suo bellissimo ragazzo, che desiderò mostrare al popolo il volto del suo futuro sovrano. La sfilata reale lasciò il palazzo con grande sfarzo. È facile immaginare la scena gioiosa: strette strade gremite di gente, carri, cavalli, ma anche elefanti, tutti insieme nel trambusto tipico di una città orientale. I tamburi annunciarono l'inizio della parata per far sì che la gente facesse largo al Re, vestito d'oro e gioielli, e ai suoi ministri.

Una volta arrivato ai campi da arare, il Re ordinò che la carrozza del Principino fosse deposta all'ombra di un maestoso albero di melarosa, un po' lontano dalla folla. Un sontuoso tettuccio fu posto sopra alla vettura, che ara avvolta da tende.

Mentre il Re era indaffarato con l'aratura, sentendo le grida e le incitazioni della folla, le balie del Principe uscirono per assistere alla scena, intenzionate a tornare immediatamente al loro posto; purtroppo, però, esse furono così distratte dai carri d'oro e d'argento del Re e dei nobili, che si dimenticarono del Principe. Tutto d'un tratto, notando che il sole era arrivato ad ovest, le donne si precipitarono alla carrozza del Principe, aspettandosi di trovarla esposta ai raggi più caldi del sole indiano. Furono profondamente esterrefatte quando scoprirono che l'ombra dell'albero di melarosa continuava a proteggere il giaciglio del Principe, nonostante le ombre di tutti gli altri alberi si fossero spostate assieme al sole. Guardando all'interno della tenda, le balie trovarono il bambino seduto a gambe incrociate, nella stessa posizione meditativa degli uomini di religione indiani.

Le donne corsero ad informare il Re del miracolo che era appena accaduto. Quando il Re Suddhodana giunse al cospetto dell'ombra, si meravigliò infinitamente, inchinandosi a suo figlio prima ancora che egli potesse farlo nei suoi confronti.

È più che naturale che racconti di miracoli e prodigi facciano parte delle storie della vita dei grandi uomini. Bisogna ricordare che il periodo storico di cui parliamo (tra i cinquecento e i seicento anni avanti Cristo) non è documentato da testimonianze scritte. Tutti i racconti, al tempo, erano trasmessi per tradizione orale molto tempo dopo l'avvenimento delle vicende ma, nonostante l'infallibile memoria degli indiani, non è da escludere che nel tempo molte leggende possano esser state mischiate ai fatti realmente accaduti. Dobbiamo dunque considerare le vecchie storie per quel che sono, con le loro nozioni storiche spesso avvolte da un'aura fantastica, allo stesso modo in cui il sole ci appare avvolto in un manto di viola ed oro nella foschia della sera. Gli indiani hanno sempre creduto negli spiriti e nelle fate e per loro ogni albero ha il suo spirito custode; è probabilmente per questo che si pensò che lo spirito del melarosa avesse protetto il Principino quando fu lasciato solo, dando vita alla leggenda.

Quando il Principe Siddhattha raggiunse l'età scolare, fu mandato da un anziano saggio che istruiva circa cinquecento bambini del Sakya. Nessun di loro, però, eguagliava Siddhattha in materia di conoscenza, aritmetica o in alcuno di tutti gli altri campi del sapere, in cui lui sembrava addirittura più ferrato del suo insegnante. Imparò anche a gestire gli elefanti, ed uno dei suoi zii gli insegnò a tirare con arco e frecce.

Siddhattha aveva un fratellastro di nome Nanda e un cugino chiamato Devadatta; spesso i bambini giocavano insieme nei bellissimi giardini del palazzo, che si estendevano lungo il letto del fiume. Devadatta era un ragazzo dal carattere difficile e da subito mostrò una certa propensione al sentimento dell'invidia. Non sopportava che tutti pensassero tanto a suo cugino e, per tutta la sua vita, fece di tutto per contrastarlo.

Un giorno accadde che un grande albero fu sradicato dalla tempesta e scagliato di traverso sul letto del fiume. Il tronco funzionò da argine e, mentre tutti i campi attorno Kapilavatthu furono inondati, la città di Koli, che distava pochissimo da lì, viveva una forte siccità. Lo stesso tronco era così pesante che nessuno riuscì a tirarlo fuori dal fiume ma Siddhattha, che ormai era un giovane uomo rinomato per la sua forza, riuscì a spostarlo senza difficoltà, nonostante tanti altri giovani del Sakya ci avessero già provato in vano. Mentre il Principe percorreva la strada tra i giardini reali e il fiume, uno stormo di oche si librò sopra la sua testa. Devadatta, vedendo gli animali, scagliò una freccia verso di loro ed un'oca cadde dritta davanti a Siddhattha. Il Principe, in un impeto di compassione verso l'uccello ferito e sanguinante, si affrettò a raccoglierlo e ad estrarre la freccia per poter curare la ferita. A quel punto, un messaggero di Devadatta sopraggiunse per reclamare l'animale; Siddhattha, però, rifiutò di lasciarglielo asserendo che esso appartenesse a chi gli aveva salvato la vita, non a chi aveva cercato di togliergliela. Questo fu i primo degli screzi tra i due cugini.

Quando Siddhattha diventò un uomo, il Re decise che era tempo per lui di convogliare a nozze. Sperava, infatti, che offrendo a suo figlio tutti i piaceri del mondo, avrebbe potuto evitare il compimento della profezia secondo cui il Principe avrebbe abbandonato il palazzo per dedicarsi alla mendicanza. Suddhodana allora gli fece costruire tre palazzi, uno per ogni stagione : uno adatto all'afa estiva, uno adatto al gelo invernale ed uno adatto alla stagione delle piogge. In india il clima non è affatto mutevole come lo è in molti dei paesi europei, ci sono stagioni fisse caratterizzate da forte caldo, freddo o forti piogge.

Il palazzo costruito per la stagione più calda era una reggia in marmo, con ampie terrazze e giardini ombreggiati da alti alberi. Il palazzo invernale era rivestito in legno, riscaldato da caldi tappeti e pelli di tigre. Il palazzo per la stagione delle piogge, infine, era fatto di mattoni e tegole colorate. Questi grandissimi edifici contavano nove, sette e cinque piani.

Nessuna, tra tutte le ragazze del Sakya, era bella e affascinante quanto la Principessa Yasodhara, la cugina di Siddhattah, scelta dal Re come futura sposa di suo figlio. Durante la celebrazione del matrimonio Kapilavatthu diventò una città d'oro, e i banchetti e i festeggiamenti durarono svariati giorni. Siddhattha amava con profonda devozione la sua bellissima sposa che, dal suo canto, era dotata di bontà e gentilezza pari alla sua bellezza ; si narra che i due condussero una vita felice nelle case offertegli dal Re.

Doveva esser stato un sollievo, per Suddhodana, vedere suo figlio godere degli sfarzi e dei lussi di cui lui l'aveva circondato. Il Principe aveva per sé quarantamila danzatrici vestite in abiti preziosi e veli di tutti i colori, ornate di bracciali e gioielli tintinnanti ; alcune, dall'ugola d'oro, cantavano dolci melodie, altre suonavano il liuto : dunque, ogni qual volta il Principe fosse stanco o avesse bisogno di svagarsi, non doveva far altro che ordinare una danza, una canzone o una melodia ed i suoi desideri venivano subito esauditi.

Dopo qualche tempo, i fratelli del Re ed i gentiluomini del Sakya contestarono il fatto che Siddhattha spendesse troppo del suo tempo ad inseguire i piaceri ; non sembrava loro corretto, infatti, che il figlio del Re pensasse unicamente al suo diletto, trascurando tutto quello che un uomo doveva veramente apprendere nella vita. Se fosse scoppiata una guerra, come avrebbe egli potuto condurre il popolo in battaglia ? Dunque, tale preoccupazione fu debitamente comunicata al Re. Quando Suddhodana comunicò a suo figlio le lamentele dei loro parenti, Siddhattha rispose che avrebbe dato prova delle sue capacità competendo con gli uomini più valorosi della regione. Di conseguenza fu indetta una giornata degli sport e dei messaggeri, con i loro tamburi, furono inviati in città per annunciare l'evento.

La folla si riunì per guardare il Principe ed i giovani nobili dar dimostrazione delle loro capacità nel tiro con l'arco, nella scherma, e in ogni altra disciplina conosciuta a Sakya. Alcuni degli arcieri avevano una mira degna di un falco. Devadatta era sempre stato considerato il migliore ad utilizzare arco e frecce, e Nanda era un famoso spadaccino, ma Siddhattha riuscì a brillare molto più di loro. Inoltre, in un tempio della città era conservato l'arco che appartenne un tempo a Sinhahanu, il nonno di Siddhattha e fu proprio con quell'arco che i giovani dovettero dar prova della loro forza. Sorprendentemente nessuno riuscì a brandire l'arco eccetto Siddhattha e, quando scagliò la sua freccia, essa volò così lontano che la gente rimase esterrefatta. In ogni prova di forza o capacità, Siddhattha era stato il vincitore.

I gentiluomini del Sakya, a quel punto, non ebbero più motivo di temere l'inadeguatezza del Principe alle arti principali, ed ognuno di loro riconobbe quanto egli fosse un degno erede della stirpe da cui proveniva.

Capitolo IV
La Grande Rinuncia

NELLO SCORSO CAPITOLO abbiamo parlato delle nozze del Principe con Yasodhara e dei giochi bellicosi in cui egli eccelse a discapito dei suoi avversari, riconquistando così la fiducia dei signori del Sakya. Della decade successiva a questi avvenimenti non conosciamo nulla circa la vita di Siddhattha — pezzi di storia caduti nell'oblio — ma i racconti riprendono con un Siddhattha ventinovenne, quand'egli viveva ancora nel lusso con cui suo padre cercava di tenerlo ancorato alle glorie terrene. Suddhodana, infatti, continuava a sperare ardentemente che suo figlio diventasse uno dei più grandi sovrani del mondo. « Se rimarrà in casa per almeno altri dodici anni, diventerà sovrano del mondo intero » disse un saggio, ed il tempo era quasi giunto al termine.

Durante quegli anni, Siddhattha rifletté a lungo su molte cose. Gli indiani hanno una mente curiosa ed una fervida immaginazione, motivo per cui i grandi quesiti della religione sono sempre stati discussi dai loro eruditi. Benché non avesse ancora chiaro in che modo avrebbe potuto farlo, già da tempo l'idea di esser destinato ad aiutare il mondo era già balenata tra i pensieri di Siddhattha. Sin dai suoi primi anni di vita, infatti, egli aveva mostrato una considerevole compassione per tutti gli esseri viventi, uomini o animali che fossero, pur non avendo alcuna idea dell'esistenza della sofferenza e della miseria sulla terra. Il Re aveva fatto di tutto per tenere suo figlio alla larga dal venire a conoscenza delle difficoltà dell'uomo, cosicché il Principe non sapeva nulla circa il dolore, la malattia e la morte. Quando egli passeggiava in città nel suo carro, poteva vedere solo gente apparentemente felice e contenta, perché gli storpi, i malati, i ciechi veniva comandato di nascondersi alla sua vista.

Vi chiederete per quale motivo Suddhodana temesse così tanto che la vista di tali brutalità potesse sconvolgere suo figlio. Ciò era dovuto ad una profezia che, tempo prima, predisse che il Principe non sarebbe

andato via di casa se non nel momento in cui avesse visto con i suoi occhi le difficoltà della vita terrena, rimanendone così segnato da decidere
di rinunciare per sempre a tutti i suoi agi. «Se non vedrà mai queste
cose—pensò il Re—allora non giungerà mai alla decisione di darsi
alla povertà e potrà diventare il più grande sovrano di tutti i tempi.»

Gli splendidi giardini in cui Siddhattha spesso passeggiava col suo carro
si trovavano poco distante dal palazzo. I profumatissimi alberi in fiore
offrivano l'ombra ideale per dar sollievo dall'afa pomeridiana e diversi tipi
di splendidi fiori di costeggiavano un lago cristallino in cui il Principe
era solito fare il bagno nelle sere d'estate. Un giorno Siddhattha, desid-
eroso di recarsi ai giardini, mandò a chiamare Channa, il suo cocchiere,
chiedendogli di preparare il suo carro per attraversare la città in direzione dei bellissimi giardini. Il Principe salì sul suo carro dorato, condotto
da quattro cavalli bianchi come il latte coperti di ornamenti in oro e
quando egli passò per le strade, la gente accorse per guardarlo ed inchinarsi a lui, devoti alla sua bellezza e alle sue buone maniere. Siddhattha
guardò amorevolmente la sua gente, felice di assistere a cotanta felicità.

All'improvviso, al centro della strada, davanti al carro, del Principe, un
uomo giunse barcollando. Col corpo piegato dall'età, egli si appoggiava
ad un bastone, con gambe così deboli e raggrinzite che a malapena ri-
uscivano a tenerlo in piedi. I pochi capelli sul suo capo erano bianchi,
la sua vista era flebile e annebbiata e la sua grinzosa mano era tesa a
chiedere la carità.

Siddhattha non aveva mai visto nulla di più pietoso e ne fu letteralmente sopraffatto. Rivolgendosi a Channa disse: «Perché quest'uomo
è così diverso da tutti gli altri? Cos'è che l'ha cambiato a tal punto da
rendere anche il colore dei suoi capelli così diverso da quello degli altri
uomini? O forse è sempre stato così?» Le parole di Channa, probabilmente ispirate dagli angeli, furono: «Maestà, questa è la vecchiaia.
Quest'uomo ha vissuto molti anni. È così che gli uomini diventano
quando vivono tanto a lungo.»

Siddhattha ordinò a Channa di tornare immediatamente a palazzo:
ormai ammutolito e pensieroso, non era più dell'umore giusto per andare
a godere della beltà dei campi. Non riusciva a dimenticare l'immagine di

Siddhattha e il paziente
(Sidney Stanley)

quel povero anziano indifeso e si sentiva come se il sole si fosse spento e le bellezze della terra fossero sparite. Una volta arrivato a palazzo, Suddhodana domandò ai servi la ragione del ritorno repentino del Principe. Quando seppe dell'incontro di suo figlio con l'anziano mendicante, ovvero la realizzazione della prima delle quattro profezie, ne rimase sconvolto. Così chiamò delle splendide danzatrici perché ballassero le loro più graziose danze e cantassero le loro più soavi melodie per distrarre il Principe e fargli dimenticare dell'accaduto. Nel contempo, delle guardie furono mandate ai quattro angoli della città, con l'ordine di bloccare ogni eventuale tentativo di fuga del Principe.

Gradualmente l'immagine dell'avvenimento si affievolì nei ricordi di Siddhattha, come accade a qualunque memoria di fatti tristi e spiacevoli col passar del tempo. Così, un giorno, egli fece di nuovo preparare il suo carro per dirigersi ai giardini. Non troppo dopo, però, sul ciglio della strada incontrò un uomo dall'aspetto terribilmente sofferente: il suo corpo era gonfio e pallido e giaceva gemendo sonoramente nella sua agonia, troppo debole per sollevarsi. Siddhattha, mosso dalla compassione, scese immediatamente dal carro per soccorrere il pover'uomo. Rivolgendosi a Channa, esclamò: «Cosa impedisce a quest'uomo di alzarsi? Perché non ha più un briciolo di forza ed è così tormentato?» Così, Channa rispose: «Questa è l'infermità; da un giorno all'altro si può esser colti alla sprovvista ed annientati da una qualche malattia, esattamente com'è accaduto a quest'uomo.» Come la prima volta, il Principe tornò a palazzo, cominciando a realizzare quanto i piaceri della vita fossero vani in confronto al profondo sconforto che offusca il mondo.

Dopo qualche tempo, ancora una volta, il Principe uscì col suo carro ed incontrò degli uomini che portavano in spalla una sagoma immobile e morente; a seguirli c'erano delle donne dalla chioma incolta che gemevano sonoramente e singhiozzavano dolorosamente. Siddhattha li guardò sbalordito e confuso. «Che fanno questi uomini? Cos'è quella sagoma che trasportano?» chiese a Channa, ed egli rispose: «Oh Principe, tutti gli uomini diventano come quella sagoma immobile quando la vita li abbandona; quello che vedete è la Morte.» Il principe, per la terza volta, tornò a casa molto triste e pensieroso. Una ad una le glorie terrene sembravano svanire e la felicità diventava per lui nulla più di un sogno, una visione volatile, indefinita ed evanescente.

Il Re, quel punto, era disperato; tutti i suoi accorgimenti si erano rivelati inutili e Siddhattha era già andato in contro a tre delle quattro profezie che lo avrebbero spinto a rinunciare a tutto. Ne rimaneva soltanto un'altra, e Suddhodana aveva l'impressione di arrendersi troppo presto senza provare un'ultima volta ad impedire che la quarta profezia si realizzasse.

Per paura che Siddhattha cercasse di fuggire durante la notte, il Re intensificò la presenza di guardie in ogni dove. Lui stesso pattugliò la porta orientale della città mentre i suoi tre fratelli, accompagnati da altre guardie, controllavano la porta settentrionale, quella meridionale e quella occidentale. Un ulteriore distaccamento di guardie, condotte da Mahanama, fu posizionato al centro città e per pattugliare le strade durante la notte.

Un altro giorno il Principe uscì in carro condotto da Channa e, durante il solito percorso verso i giardini, notò un uomo dall'aspetto mai visto prima. Portava vesti semplici, di un tenue color arancio, ed i suoi capelli e la sua barba erano ben rasati; portava con sé una scodella e bussava di porta in porta elemosinando avanzi di cibo. L'espressione così serena e felice di quel mendicante colpì Siddhattha, che ne chiese il significato a Channa, le cui risposte alle domande del Principe furono sempre ispirate dagli angeli, che gli disse: «Quello che vedete, Principe, è un uomo buono e virtuoso che ha rinunciato al tutto e, avendo lasciato perdere tutto, è costretto ad elemosinare il suo cibo giorno dopo giorno.»

Siddhattha si fermò e parlò con quell'uomo; improvvisamente tutti i suoi dubbi ed i tentennamenti furono chiariti e il Principe capì quel che andava fatto. Disse a se stesso: «Farò come quest'uomo; abbandonerò tutto e sceglierò la povertà. Solo così troverò la pace interiore ed acquisirò la saggezza con cui l'essere umano può affrontare le miserie della vita terrena.» Con tale determinazione Siddhattha raggiunse i giardini, avvertendo una leggerezza d'animo che gli mancava da troppi giorni. Passò la giornata a godere delle bellezze di quei prati bellissimi e, verso sera, fece un bagno al lago. Successivamente si riposò steso su una grande pietra liscia, mentre i suoi servi gli portavano profumi, balsami e vesti colorate. Il Principe si lasciò adornare nel più estremo splendore: il suo turbante, avvolto più volte sul suo capo, era fissato da gioielli scintillanti. «Questa è l'ultima volta che vestirò abiti così sontuosi» pensò.

Proprio mentre Siddhattha si accingeva a salire sul suo carro, un servo accorse per annunciargli la nascita di suo figlio. Siddhattha s'incupì e disse: «Sarà difficile rompere questo nuovo legame; sarà un impedimento.» Con questo il Principe figurò quanto la nascita di questo bambino avrebbe reso difficile la separazione da casa e dalle persone amate. Quando Suddhodana seppe cosa suo figlio aveva detto apprendendo la notizia della nascita, chiamò il nascituro «Rahula», che significava «impedimento».

Al suo ritorno dalla città, il Principe trovò tutti in festa per la splendida notizia della nascita di un nuovo erede al trono, in quanto Rahula era l'unico nipote del Re. Salutandolo con esclamazioni di gioia, la gente seguì il carro del Principe, stupendosi dello sfarzo con cui era adornato. Una giovane donna, cugina di Siddhattha, seguendo la processione dal terrazzo di casa sua, intonò dei dolci versi di buon augurio benedicendo la madre, il padre e la moglie di un Principe così glorioso. Siddhattha allora pensò: «Benedetto sia chi vince tutti i dubbi della mente, perché la pace interiore è la vera benedizione» ed inviò alla ragazza una collana di perle per ringraziarla dei suoi dolci versi.

La notte risuonò di musica e dolci melodie per tutto il palazzo e le ballerine, belle come creature del cielo, danzarono in avanti ed indietro con i loro gioielli tintinnanti, mentre un centinaio di lumi conferivano alla scena un'aria da favola. Siddhattha però, stremato da tutto quello attraverso cui era passato, non badò ad alcuno di questi festeggiamenti, cadendo in un sonno profondo. Anche i musicisti e i ballerini, aspettando il risveglio del Principe, alla fine si addormentarono tutti.

Verso mezzanotte Siddhattha si svegliò; si alzò e, affacciandosi cautamente alla porta della camera, chiamò delicatamente Channa. Quest'ultimo, addormentatosi all'entrata, rispose: «Mio Signore, eccomi.» «Vai e preparami un cavallo, stanotte lascerò casa!» E Channa obbedì agli ordini del suo padrone. Siddhattha a quel punto sentì un grande bisogno di tenere suo figlio tra le sue braccia prima di andare via e, avvicinandosi pian piano alla porta di Yasodhara, guardò nella stanza. Alla fioca luce di una lampada riuscì a vedere sua moglie addormentata su un letto di gelsomini con la mano posata sul capo del nascituro. Siddhattha pensò : « Se dovessi muoverla la sveglierei e non mi lascerebbe andare.» Così non osò toccare suo figlio, ma rimase a guardare i due per un po' di tempo. Poi, dominando se stesso con grande forza di volontà, si girò ed andò via.

Al chiaro di luna, Siddhatta sgattaiolò nel cortile del palazzo, dove Channa lo attendeva accanto a Khantaka, il destriero preferito del Principe. Era il 1° luglio ; c'era una luna piena così luminosa da far credere che tutto quel manto bianco fosse neve dell'Himalaya. In ogni caso era strano che, nel silenzio più profondo, il solo rumore fosse quello del gracidio delle rane sulla riva del fiume. Il Principe montò in groppa a Khantaka e Channa afferrò la coda dell'animale, seguendo il suo padrone. Attraversarono le strettissime strade della città, di giorno piene di gente e trambusto, ma in quel momento deserte e silenziose. Nessuno avvertì il rumore degli zoccoli di Khantaka grazie ai fiori con cui gli dei coprirono il suo percorso in modo tale da attutire il suono dei suoi passi. Nessuno seppe che il Principe Siddhattha stava scappando di casa per cominciare una vita di povertà.

A un passo dalle porte della città, un'ombra scura apparve al chiaro di luna. Era Mara il Tentatore, lo Spirito del Diavolo, che voleva sovvertire il futuro di Siddhattha. « Rimanete, mio signore — gridò — non partite, ed in sette giorni vi consegnerò ogni regno della terra, e ne sarete l'unico sovrano.» Siddhattha rispose : « So bene che potrei possedere tutti i regni del mondo, ma non sono alla ricerca della grandezza terrena. Lotterò per diventare un Buddha, così rallegrerò il cuore del mondo intero.» Mara dunque non riuscì a persuaderlo, ma continuò a seguire Siddhattha da vicino, aspettando una nuova opportunità per farlo, ed infatti pensò : « Chiaramente una passione rabbiosa o un desiderio malvagio nasceranno nella sua mente, quello sarà il momento giusto per annientarlo.» Generalmente, per aprire le porte della città era necessaria la forza di più uomini ma, quella notte, Siddhattha trovò le porte orientali spalancate: gli angeli, lieti del futuro che attendeva Siddhattha, avevano benedetto la fuga del Principe dalla città, facendo cadere tutte le guardie in un sonno profondo, così che il Principe e Channa potessero lasciare indisturbati il paese.

Viaggiarono a lungo quella notte e, quando la luna fece largo ai primi raggi dorati nel cielo ad est, i due avevano già raggiunto le rive del fiume Anoma, al di là della terra del Koli. Sulla sabbia, il Principe scese dal cavallo, si spogliò dei suoi ornamenti preziosi e, consegnandoli a Channa, lo invitò a tornare a Kapilavatthu. Nonostante Channa pregò a lungo il suo padrone di poter restare a suo servizio, il Principe non acconsentì. «Dovresti tornare—disse—e comunicare a mio padre e alla mia famiglia cosa ne è stato di me.» Siddhattha allora sguainò la spada e tagliò i suoi lunghi capelli e la sua barba; poi scambiò i suoi indumenti con quelli di un pover'uomo che passava da quelle parti, in quanto i suoi indumenti in raffinata mussolina di Varanasi non sarebbero stati consoni per un mendicante.

Così si compì la «Grande Rinuncia»; la rinuncia alla casa, al regno, alla ricchezza, alla moglie e al figlio.

Channa tornò in città singhiozzando per la perdita del suo padrone, che ora se ne stava solo, su una spiaggia, vestito da mendicante.

Capitolo V
La Ricerca della Verità

NELLO SCORSO CAPITOLO abbiamo lasciato Siddhattha, ormai mendicante e vagabondo, sulla riva del fiume Anoma, dopo aver chiesto a Channa di tornare a Kapilavatthu per informare l'addoloratissimo Re dell'accaduto. Quanto a Siddhattha, dopo una vita attorniato dalla servitù, dal lusso di soffici divani e vesti pregiate e di banchetti dal cibo più squisito, servito in piatti d'oro e argento, adesso non aveva un posto dove stare e doveva supplicare altra gente per un tozzo di pane. Per evitare di rimanere nei paraggi della terra di Sakya, Siddhattha decise di attraversare il Gange per dirigersi a Rajagaha. Era la capitale del regno di Magdha che, come già detto, si trovava dove ora si estende la provincia di Behar.

Uno degli strumenti necessari per un uomo di fede indiano, o per un monaco, è una scodella in cui porre gli avanzi di cibo offertigli in carità. Siddhattha si costruì una scodella di foglie e, dopo il lungo cammino fino a Rajagaha, arrivò in città al sorgere del mattino; lì cominciò a bussare di porta in porta per racimolare abbastanza cibo. Mentre lui s'indaffarava, il re di Magdha, Bimbisara, si affacciò dal terrazzo del suo palazzo e, notando questo strano monaco, fu così colpito dal suo nobile aspetto, che ordinò ad alcuni dei suoi cortigiani di seguirlo per vedere dove alloggiasse.

Quando Siddhattha ebbe raccolto abbastanza cibo, lasciò la città passando per la stessa porta dalla quale era entrato e sedette all'ombra di una collina rocciosa per consumare il suo pasto. Non era ancora abituato al grezzo cibo della povera gente comune, quindi riuscì a inghiottirlo a malapena. Dunque, si trovò a pensare: «Siddhattha, è vero che per tutta la vita sei stato abituato al raffinato cibo della tavola del Re, ma hai scelto tu di abbandonare la ricchezza per vagabondare; perché, allora, sei così riluttante verso questo cibo?»

Quando Re Bimbisara udì dov'era stato ritrovato quello strano monaco uscì e, accompagnato da alcuni servi, si recò a fargli visita. Rimase così colpito dalle buone maniere di Siddhattha e dal suo modo di conversare, che gli offrì ricchezza, terre e tutto quello che avrebbe potuto desiderare. «Oh mio Re—rispose Siddhattha—io provengo da una terra ricca e fertile nei pressi dell'Himalaya; appartengo alla comunità del Sakya e sono un discendente del re. Ma i tesori del mondo non ci danno la pace, e non sconfiggono il dolore ed io sto cercando il cammino verso la vera saggezza.» «Promettetemi—disse il Re—che quando avrete trovato questa saggezza, verrete ad insegnarmela.» E Siddhattha promise di farlo.

Rajagaha giaceva in una valle coltivata, circondata da cinque colli, di una più estesa catena. A circa tre chilometri ad est dalla città, in cima alla collina del Griddhraj Parvat, c'erano caverne occupate da eremiti o da monaci vagabondi. Per qualche tempo Siddhattha abitò li, in quanto era un posto abbastanza vicino alla città per poter andare a mendicare cibo, ma anche lontano abbastanza da consentire una calma meditazione. Così Siddhattha, o Gotama (come lo si chiama comunemente per riferirsi al periodo della povertà), si dedicò risolutamente alla ricerca della saggezza e della conoscenza che voleva ardentemente acquisire. Aveva ricevuto un'educazione induista, ma le dottrine dei preti bramani, piene di cerimonie e sacrifici, non lo soddisfacevano. Sentiva che la verità, che gli era stata celata per troppo tempo e che giaceva sepolta nella profondità buia della terra come una gemma preziosa, poteva esser trovata solo cercandola a lungo e con pazienza. Per la ricerca di questa verità celata, Gotama impiegò tutte le forze della sua mente e tutto il coraggio di cui era capace. Non era l'unico a votare tutto se stesso alla scoperta dei grandi misteri della vita e della morte; molti filosofi e saggi avevano votato la loro vita allo studio di queste domande. Un maestro, di nome Alara, era così riconosciuto per la sua saggezza che Gotama decise di diventare suo discepolo per un certo periodo; dopo aver appreso tutto quello che quel saggio poteva insegnargli, però, Gotama capì di non essersi ancora avvicinato alla verità. Quindi egli si avvicinò ad un altro uomo di spirito, chiamato Udaka, ma neanche la dottrina

La partenza di Siddhattha di Yasodhara
(Gilbert James)

di quest'ultimo riuscì a soddisfarlo.

In seguito a queste esperienze, Siddhattha decise di ritirarsi in completa solitudine, per tentare di raggiungere la pace e la chiarezza che cercava tramite il digiuno e la penitenza. Gli induisti confidano molto sul fatto che il digiuno porti con sé virtù e saggezza. Gotama abbandonò la zona di Rajagaha e si diresse a sud, finché non giunse ad Urvela; lì, non lontano dall'attuale tempio di Buddha Gaya, votò i suoi giorni alla solitudine ed alla meditazione.

Le foreste indiane, o le giungle, rispetto a quelle europee, in cui si può passeggiare lungo piacevoli sentieri di muschio costeggiati da felci e fiori selvatici, sono molto più impervie. Gli unici sentieri nella giungla sono quelli battuti dagli animali selvaggi quando lasciano le loro tane in cerca di cibo, facendosi strada tra gli ostili grovigli di erba e bambù. Il sentiero battuto dai rinoceronti è un basso tunnel oscuro, largo quanto i loro corpi grossi e tondi; ma l'elefante, col suo passo possente, crea un passaggio larghissimo, spazzando via qualsiasi cosa si trovi sul suo cammino. Durante l'afa pomeridiana, quelle foreste risuonano di una calma prorompente che invita al sonno ma, all'improvviso sopraggiungere della notte — perché in India i tramonti sono fugaci — tutto si risveglia, comincia il movimento e le bestie cominciano la loro caccia notturna. Nonostante ciò, l'uomo saggio che siede in solitudine e meditazione ai piedi di un albero, ignorerà il barrito dell'elefante selvaggio o il ruggito della tigre; la sua mente sarà indaffarata in un altro mondo. Molti uomini di fede induisti si ritirano in questa solitudine selvaggia, ed ogni anno centinaia di questi saggi soccombono alla ferocia delle bestie.

Così Gotama fece delle foreste di Urvela la sua dimora, passando le sue giornate a meditare in cerca della pace che tanto desiderava. Dopo qualche tempo incontrò altri cinque monaci, che furono colpiti dalla sua bontà e santità a tal punto da seguirlo come discepoli. Si meravigliarono dinanzi all'estrema forza di volontà che permetteva a Gotama di condurre lunghissimi digiuni. « Dev'essere davvero un santo uomo — si dissero l'un l'altro — diventerà sicuramente un Buddha. »

Gli indù credono nella reincarnazione dell'anima. Un « Buddha » è un uomo che, essendosi battuto per la virtù e per la purezza attraverso più vite, accumula perfezione e santità tali da renderlo maestro per l'umanità. I buddhisti credono che una tale guida venga di tanto in tanto sulla terra per condurre l'uomo sul sentiero della verità e della rettitudine. Col tempo, però, i suoi insegnamenti vengono dimenticati e l'uomo ricade nel peccato, finché un nuovo Buddha non tornerà a predicare la verità.

I cinque discepoli rimasero al fianco di Gotama, servendolo come un maestro ed aspettando costantemente il giorno in cui egli avrebbe rivelato loro di esser giunto alla piena saggezza. Purtroppo, però, Gotama sentiva di non aver ancora visto la verità, nonostante la ricercasse con tutte le sue forze. Per sei lunghi anni egli continuò tra digiuni e stenti, fino al punto in cui il suo corpo ne rimase così segnato, che nessuno guardandolo avrebbe potuto riconoscere il nobile Prince Siddhattha. Ma la fama della sua purezza si diffondeva ancora, come il suono di una campana nel cielo, giungendo sino a noi grazie agli antichi racconti.

Di tanto in tanto Re Suddhodana inviò messaggeri che raccogliessero notizie in merito alle sorti di suo figlio ; quando seppe che Siddhattha era ridotto all'osso a causa dei digiuni e degli stenti, rimase profondamente sconvolto ; Yasodhara pianse lacrime amare ; amava ancora sinceramente suo marito e, dal giorno in cui si svegliò e scoprì che l'aveva lasciata, non aveva mai smesso di soffrire per la sua perdita ; rifiutava di vestirsi di fiori e gioielli e, come se volesse condividere le sofferenze di suo marito, negò a se stessa ogni forma di lusso o comodità ; dormiva su di uno scomodo divano, e si cibava una sola volta al giorno.

I digiuni e gli stenti non portarono a Siddhattha la pace sperata e, dopo sei lunghi anni, egli sentì di non essere neanche lontanamente vicino al suo obiettivo. Un giorno, mentre passeggiava nella foresta assorto nei suoi pensieri, fu così sopraffatto dalla debolezza che cadde al suolo, quasi senza vita. Quando al Re Suddhidana fu riferito che suo figlio era morto, egli non vi credette perché, pensò : « Prima di morire egli diventerà un Buddha. »

Quando Gotama riprese i sensi, realizzò che la sua vita di stenti era stata un errore e che non era quella la strada che l'avrebbe condotto alla saggezza e alla verità. Così ricominciò ad alimentarsi e, gradualmente, riacquistò le forze. I cinque discepoli, ritenendo impossibile che un uomo che mangiasse come tutti gli altri potesse raggiungere la vera santità, abbandonarono Gotama senza aiuto o compassione. «Non diventerà mai un Buddha, così» dissero e, prendendo le loro scodelle, partirono verso Varanasi.

Gotama, nonostante l'immensa spossatezza, non si perse d'animo. Solo i veri grandi riescono a non distogliere lo sguardo dai loro obiettivi, anche dopo anni di fallimenti. Davanti alle difficoltà, gli uomini più deboli incolperanno le circostanze e diranno che certe cose sono impossibili da ottenere, ma il vero grande resterà determinato, fino a quando la vita glielo permetterà.

Capitolo VI
Il Giorno dell'Illuminazione

NEI PRESSI DELLA giungla di Urvela si ergeva un piccolo villaggio chiamato Senani. Era un luogo ridente situato sulle rive del fiume Neranjara e costeggiato da alberi di sala. La figlia del capo villaggio si chiamava Sujata. Quando raggiunse l'età maritale, da brava e devota induista ella implorò il dio di un albero di inviarle un buon marito ed un maschio come primogenito. Successivamente Sujata fu data in sposa ad un uomo del suo villaggio, che possedeva mandrie e greggi, e il loro primogenito fu un maschio. Colma di gratitudine, Sujata non dimenticò del suo voto al dio dell'albero e preparò una generosa offerta da donargli per la luna piena del mese di maggio. Alzatasi di buon mattino, la donna munse le migliori vacche del gregge e bollì i più pregiati chicchi di riso nel miglior latte che aveva. Cosse ed addolcì con la più grande cura il suo latte di riso e lo versò nella più preziosi recipienti dorati da offrire al suo dio.

In seguito la donna si vestì e decorò delle sue più pregiate vesti e dei più bei gioielli e, trasportandoli sulla testa, portò i suoi recipienti in offerta all'albero. Mentre si avvicinava a quella che doveva essere la dimora del suo dio, Sujata scorse la figura di un uomo seduto all'ombra dell'albero. Ella credette immediatamente che quell'uomo, circondato da un'aura luminosa nonostante fosse giorno, fosse lo spirito che aveva ascoltato le sue preghiere. Così gli offrì umilmente il suo latte di riso e tornò a casa.

Gotama accettò con gran riconoscenza quel cibo di cui aveva tanto bisogno. Recandosi con quelle provviste sino al fiume Neranjara egli si bagnò nelle sue acque; poi si rivestì con le sue umili vesti ingiallite e sedette per consumare il suo pasto. Durante l'afa del giorno, Gotama soleva passeggiare lungo le sponde del fiume, all'ombra degli alberi di sala, sempre pensando al caro obiettivo che non riusciva a raggiungere. A volte fu intensamente tentato di lasciar perdere la sua ricerca. Il pen-

siero della sua casa, della moglie che non vedeva da sei anni, del figlio
che aveva conosciuto unicamente nel giorno della sua nascita, del padre
che lo aveva tanto amato ed per cui ora l'età cominciava ad avanzare,
e spesso anche la mancanza degli agi di casa, tutte queste immagini
spesso prendevano forma davanti ai suoi occhi, distogliendo la mente
dal motivo per cui aveva abbandonato tutto questo. Ma a cosa serviva continuare una battaglia senza frutti! Sempre più spesso Gotama
dovette combattere violentemente le tentazioni a cui Mara il Tentatore
lo sottopose. A volte, proprio quando gli sembrava che una nuova luce
stesse sorgendo, allora le tenebre e lo sconforto di Mara tornavano ad
impossessarsi della sua mente.

Sulle rive del fiume Neranjara c'era un albero di fico sacro, un speciale
fico selvaggio. Gotama si diresse verso quell'albero con un'idea ben pre-
cisa in mente; si sedette a gambe incrociate, con la schiena appoggiata
al tronco e il viso rivolto ad est e decise che non si sarebbe spostato di
lì se non quando la sua mente avrebbe raggiunto la più alta saggezza,
neanche se la sua pelle si fosse seccata e il suo sangue avesse smesso di
scorrere nelle sue vene.

In quel momento Mara, lo spirito del male, capì che se non avesse
persuaso Gotama prima ch'egli diventasse un Buddha, il suo potere
sarebbe stato vanificato per sempre. Così egli assalì il Santissimo con
tentazioni così violente che le leggende narrano di una vera e propria
lotta. Si narra che Mara, consapevole del pochissimo tempo rimasto-
gli, chiamò in suo aiuto la sua armata di legioni infernali, lo scalpore
di un tuono squarciò l'aria e fece sussultare e tremare la terra, come se
le forze del male si fossero liberate; le montagne si divisero in due ed i
fiumi si riversarono alla fonte. Migliaia di angeli accorsero al fianco del
Santissimo, ma fuggirono verso i più lontani angoli del mondo, incapaci
di resistere all'armata di Mara. Gotama si guardò attorno e capì di esser
rimasto solo e di non poter cercare aiuto altrove, se non nella sua volontà e nel potere della sua purezza. Il potere dentro di lui era così forte
che i mortali dardi dei combattenti di Satana caddero al suolo come
foglie d'autunno. Così Mara intimò i demoni di ridurre a brandelli il
futuro Buddha, ma la loro furia non poté nulla contro di lui. Quando il

Sotto il Pipal
(Gilbert James)

Tentatore realizzò di non avere alcuna possibilità di colpire fisicamente Gotama, tentò di sconvolgerlo con i peggiori terrori che affliggono la mente umana. Da ogni dove scaturirono fiamme e colonne di vapori infernali alte fino al cielo; i demoni si manifestarono in ombre tanto tetre e spaventose da offuscare la ragione di qualunque uomo ordinario. Nonostante tutte le forze dell'inferno si fossero scagliate contro di lui, il Santissimo rimase a sedere immobile dinanzi al più strano e sorprendente spettacolo a cui avesse mai assistito.

Al termine della notte, Mara si dichiarò sconfitto. «Nel mondo non esiste alcuno al pari di Siddhattha, figlio di Suddhodana» disse, e i suoi demoni svanirono lasciando Gotama in compagnia del sorgere del giorno.

Nel mondo degli spiriti tutti gli angeli, gli arcangeli e le creature alate gioirono alla vittoria che era appena stata celebrata, ed accorsero ad onorare colui che aveva saputo cacciare le forze del male, «Jina» il Vittorioso, che Mara ed i suoi demoni non erano riusciti a sconfiggere. Così piovvero sulla terra piogge di fiori del paradiso, mentre i gigli e i fiori di loto sbocciavano anche dalle fredde rocce.

Gotama rimase a sedere sotto l'albero di fico sacro e, prima che calasse di nuovo la notte, venne a lui quella Pace che passa attraverso la conoscenza, chiamata dai buddisti «Nirvana».

· · · · · ·

Come un uomo che da una prigione oscura esce alla luce del sole, sotto la quale tutto appare nella sua chiarezza e sicurezza, così la mente del Buddha illuminato sorvola le terre della chiara verità, in cui tutti i segreti della vita e della morte sono rivelati alla luce della suprema saggezza.

A Gotama la nuova vita del Buddha appariva priva delle lontane vecchie ombre e contraddizioni; finalmente percepiva in che modo l'universo fosse governato dalle leggi immutabili della verità e della giustizia e in che modo il Potere della Rettitudine determinasse l'ordine del tutto. Questa legge, chiamata «Dhamma» dai buddisti, è riassumibile nella teoria del rapporto causa ed effetto alla base dell'intero siste-

ma di Buddha. Nulla accade per caso o accidentalmente, ogni evento
è causato da eventi precedenti. Di conseguenza ogni evento dà origine
ad altri eventi che lo seguiranno. Confutiamo questa legge nel mondo
della Natura, in cui tutto accade secondo leggi invariabili e fisse. Le
stesse leggi sono applicate da Buddha per le questioni dello spirito
e della morale. Ogni pensiero ed ogni azione porta con sé il proprio
inevitabile risultato. Dal bene nasce il bene, dal male nasce il male. È
per questo che le azioni della nostra vita attuale costituiscono il seme
dell'indole delle nostre vite future. I buddisti, infatti, credono che una
parte dell'uomo sopravvive alla morte e rinasca in altra forma portando con sé l'eredità delle azioni svolte nella vita precedente, ovvero il
carattere forgiato dalle sue azioni. Da ciò deriva, quindi, che il nostro
carattere non si forma solo durante la vita che viviamo, ma è il frutto
della somma delle esperienze accumulate durante tutte le vite vissute.
Quando sprechiamo le nostre opportunità di far del bene, conducendo
una vita peccaminosa, dovremmo pensare a quanto dolore potremmo
quindi accumulare nelle vite successive.

Il Buddha capì queste cose e realizzò quali fossero le cause del peccato e i modi per cacciarlo via. Il peccato, disse, viene dalla malvagità,
dall'ignoranza che ci cela il vero valore della vita e ci costringe ad ag-
grapparci alle cose fugaci e insignificanti. Questo perché tutte le cose
visibili sono in costante cambiamento e decadenza, poi si rinnovano e
poi passano ancora. In questo mondo non c'è stabilità che duri più di
un frammento di secondo. Dal momento della nascita la mente e tutti
i poteri intraprendono un percorso di crescita e cambiamento, cosicché
non si rimane gli stessi neanche per un minuto. La stessa legge del cambiamento interessa tutte le piante, gli animali ed il suolo che calpestiamo.
Anche la forma del paese in cui viviamo cambia incessantemente ogni
giorno; in alcuni luoghi il mare infrange gli argini e conquista la terra,
passo dopo passo, ed in altri luoghi la terra reclama le pianure sabbiose
che il mare ha abbandonato.

Probabilmente avrete guardato le nuvole nei giorni di vento ed avrete
visto in esse forme di valli e montagne, torri e vette o bestie spaventose; qualche minuto dopo, avrete notato che tutto è svanito: le vette

sono diventate alberi, i castelli sono grandi uccelli dalle ali spiegate e le
bestie sono ormai nulla più che una nuvola di fumo. Anche mentre le
guardate, le nuvole stanno già formando nuove forme, tutta la scena è
in cambiamento e in men che non si dica l'immagine della vostra fan-
tasia si fonderà e svanirà allo stesso tempo. Analogamente, il mondo e
tutte le cose visibili sono in stato di costante creazione e divenire, e non
possono mai finire o fermarsi.

La cristianità ci ha insegnato che non esiste felicità perfetta sulla terra;
allo stesso modo il Buddha ci ha insegnato che lo stato perfetto può
esser raggiunto soltanto quando il periodo della nostra vita terrena è
finito. Quando un uomo muore lasciando debiti di peccati impuniti,
secondo il credo buddista egli rinascerà per continuare nella sua ricerca
della salvezza. Esso potrebbe rinascere sotto forma di spirito del cielo
o degli inferi, degno della giusta ricompensa per i suoi peccati, oppure
potrebbe ancora una volta nascere nel mondo, per continuare il suo
percorso. Secondo il Buddha, infatti, l'inferno e il paradiso sono una
maledizione ed una benedizione temporanee. Solo dopo una purificazi-
one lunga molte vite l'essere è libero dal peccato e dai desideri terrestri
al punto da poter godere della pace perpetua del Nirvana.

Bisogna considerare il Nirvana come uno stato mentale, non come un
luogo definito; si dice «Il Regno dei Cieli è dentro di te», e nello stesso
modo il Nirvana è la conquista della pace assoluta nel cuore.

Gotama disse ai suoi seguaci molto poco circa quest'altro mondo; non
descrisse loro le sue città sfarzose in cui gli uomini virtuosi possono
godere di tutti i piaceri che hanno desiderato durante la loro vita terrestre. Disse loro solo che col Nirvana ogni sofferenza sarebbe sparita,
tutte le tempeste delle passioni umane si sarebbero calmate e che le fiamme dell'odio e dei pensieri malvagi sarebbero state estinte. Il Nirvana
è spesso definito dai buddisti «l'altra sponda». Quando il viaggiatore,
stanco di combattere contro i venti e le onde del burrascoso mare della
vita umana, raggiunge finalmente quella «altra sponda», passa immediatamente in una dimensione di calma incommensurabile: la Pace che
deriva dalla conoscenza, una pace destinata a durare per sempre perché
immutevole ed infinita.

Capitolo VII
I Primi Discepoli

L'ALBERO DI FICO sacro, sotto cui Gotama sedeva quando la saggezza divina lo illuminò, da quel momento fu chiamato «il sacro albero della Bodhi» o «Albero della Saggezza». Per molte centinaia di anni esso continuò a fiorire ed innumerevoli pellegrini, nel tempo, hanno visitato il luogo in cui il grande Maestro conquistò la conoscenza della verità.

Gotama poté cominciare a vedere le cose per quel che erano veramente, come pochi di noi possono veramente fare, in quanto spesso le nostra capacità di conoscere è assopita; solo le più grandi menti possono affrontare faccia a faccia le profonde verità della vita e dell'eternità.

Sembrò a tutti che Gotama non volesse lasciare il luogo in cui aveva trovato la pace e il riposo dopo le fatiche di quei sei anni dedicati alla ricerca della Verità. Si dice, infatti, che si trattenne per un lungo periodo nei pressi dell'albero della Bodhi, meditando circa la Pace derivata dal Nirvana e il cammino verso la redenzione dal peccato e dal dolore.

Ben presto, però, il dubbio assalì la mente del Buddha: avrebbe o non avrebbe dovuto insegnare la sua dottrina al genere umano? La verità sembrava semplicissima e naturale per coloro ai quali era stato insegnato che amuleti, sacrifici e cerimonie erano la chiave per scacciare il peccato. La fede di Buddha differiva da quella induista proprio in questo: lui insegnava che nessun cerimoniale aveva il potere di cambiare il destino dell'uomo, e che i peccati non si lavavano via così facilmente. L'uomo non può nulla contro la più grande e naturale legge di causa ed effetto. Per questo motivo Buddha riteneva che la buona condotta fosse il fattore più importante. Nessun sacrificio a Brahma o Vishnu, nessuna delle paghe offerte ai sacerdoti per placare l'ira degli dei, nessun digiuno o penitenza importava; dire il vero, contrastare le passioni malvagie, donare agli altri la propria gentilezza erano i precetti alla base della nuova dottrina del «Dhamma». Il bene genera bene ed in questo modo, nell'infinito tempo a venire, si potrà accumulare un'inesauribile virtù.

Gotama, che conosceva bene la natura umana, si chiedeva se l'umanità sarebbe stata pronta ad accogliere e credere in una religione apparentemente priva di basi solide e scarsamente conosciuta. È molto semplice, infatti, offrire un sacrificio o pronunciare profezie invece di riuscire a contenere la cattiva condotta a favore di un comportamento giusto e ponderato; inoltre, per l'uomo è difficile comprendere l'effimera natura delle cose terrene. Così Buddha pensò: «Colui che è preso dai piaceri della vita e che accumula le sue ricchezze per sé, come potrà convincersi che il mondo è fatto di piccolezze destinate a svanire, che i giorni della vita scorrono veloci come le acque di un fiume, che il nulla perdura e che solo la rettitudine conduce alla Pace eterna?»

In questo modo il Buddha cercò le proprie risposte, chiedendosi se fosse giusto rimanere l'unico in possesso della conoscenza appena acquisita, o se sarebbe stato possibile diffonderla tra gli uomini. Alla fine il suo amore per tutte le creature viventi prevalse e decise di cominciare a predicare la sua dottrina di salvezza; pensò: «Sicuramente alcuni vorranno ascoltarla.»

Con questo Gotama intendeva che i suoi vecchi maestri, Alara e Udaka, sarebbero stati i primi ad ascoltare quelle liete notizie, ma scoprì che essi erano entrambi defunti; così si diresse a Varanasi in cera dei cinque discepoli che avevano vissuto con lui nelle giungle di Uruvela.

Prendendo la sua scodella della carità, Buddha attraversò tutti i villaggi fino alla città di Varanasi, che si estende lungo le sponde del fiume Gange. In una bellissima foresta chiamata «il Parco dei Cervi», a circa 5 chilometri dalla città, Gotama ritrovò i suoi discepoli. Quando lo videro avvicinarsi, però, loro bisbigliarono l'un l'altro: «Ecco che arriva colui che abbandonò il cammino della verità e della santità, rinunciando al digiuno e alla penitenza per bere e cibarsi come un uomo comune; non merita alcun rispetto da parte nostra.» Trattarono Gotama freddamente, quasi in modo sgarbato. Dal canto suo, però, Gotama non nutriva alcun dubbio ed era completamente certo di esser un degno maestro per l'umanità; così egli spiegò loro di com'era diventato un Buddha e riconquistò il loro rispetto. Al calar del sole, quando la brina serale avvolse gli alberi della foresta, Gotama si sedette e pronunciò loro il suo primo sermone. Allo scorrere di quelle parole dalla sua bocca, tutta la natura fremette di gioia : i fiori emanarono forte le loro più dolci fragranze, i fiumi mormorarono soavi melodie, le stelle brillarono della loro luce più intensa e un impeto scosse l'aria al volgere dei deva all'ascolto di quel messaggio di salvezza. I cinque discepoli s'inchinarono a Gotama, riconoscendolo il Santissimo Buddha. Il grande Maestro parlò a lungo nella calma di quella notte indiana, 2500 anni fa, e da quel momento le sue parole ci sono tramandate rimanendo impresse nei cuori di coloro ch'egli guidò verso la Pace.

Buddha spiegò loro che era venuto per cercare il Regno della Rettitudine; spiegò anche il significato delle «Quattro Nobili Verità», che tutti i suoi seguaci dovevano conoscere e capire. Tali verità erano :

1. La verità del dolore e della sofferenza, che esisteranno finché il mondo esisterà.

2. La verità dell'origine del dolore, ovvero l'attaccamento alle effimere cose terrene.

3. La verità della cessazione del dolore, ovvero la conquista del sé e il dominio delle passioni malvagie.

4. La verità della via che porta alla cessazione del dolore, ovvero il modo in cui dovrebbero vivere tutti i buddhisti. Questa via, che conduce alla redenzione dal dolore, fu chiamata «Nobile Ottuplice Sentiero», in quanto esso stabiliva otto principi fondamentali per tutti, che furono :
    1. Retta visione
    2. Retta Azione
    3. Retta Parola
    4. Retta intenzione
    5. Retto Sostentamento

6. Retto Sforzo,
7. Retta presenza mentale
8. Retta Concentrazione

Colui che osserverà tali precetti nel modo insegnato dal grande Maestro, condurrà una vita nobile e darà un nobile esempio al prossimo.

Buddha definì tale percorso « La Via di Mezzo » perché, spiegò, essa giace tra l'estremo dell'autoindulgenza e l'estremo dei digiuni e delle penitenze praticato dagli uomini di fede induista. Questo perché bisognerebbe sempre seguire la ragione e il buon senso, e non sarebbe corretto far sì che il corpo diventi maestro dominatore dei nostri appetiti; allo stesso tempo, però, sarebbe ugualmente sbagliato negarsi ciò che è necessario alla vita e quindi ledere o indebolire il corpo.

Non era una religione semplice quella che Buddha predicava ai suoi seguaci, in quanto non c'è nulla di più difficile di esercitare un perfetto controllo di sé; nessuno sarebbe stato un reale discepolo di Gotama fino a quando non avesse imparato quest'ardua lezione. Un numero sorprendente di persone fu attratto dalla dottrina di Buddha, ma la Verità ha un grande potere, e dove c'è un reale desiderio di far del bene, deve esserci la Verità, anche se non conforme a quella che ci è sempre stata insegnata.

Uno dei primi a convertirsi alla dottrina di Buddha fu un giovane uomo di nome Yasa. Possedeva molto, ma abbandonò tutte le sue ricchezze per dedicarsi alla povertà proprio come aveva fatto il suo grande Maestro. Non bisogna credere che l'unico modo per diventare un buon discepolo di Gotama fosse quello di rinunciare a tutto. Era anche possibile seguire gli insegnamenti del Buddha continuando a vivere normalmente; infatti molti degli amici più stretti di Gotama furono cittadini normali, i cosiddetti padroni di casa. Era uguale a quel che sarebbe accaduto 500 anni dopo con la cristianità: chiunque seguisse i comandamenti di Cristo era un suo discepolo, ma solo alcuni sceglievano l'alta vita di rinuncia delle loro case e dei loro possedimenti.

Gotama rimase per qualche tempo al Parco dei Cervi di Varanasi, predicando la sua Legge a chiunque venisse ad ascoltarlo; non solo ai privilegiati, come facevano i bramini, ma ai ricchi e ai poveri, ai giovani e ai vecchi, agli uomini e alle donne senza distinzione. In tre mesi egli accumulò sessanta discepoli, così un giorno egli li chiamò e disse : « Miei cari Bhikkhus (« Bhikkhus » significa « mendicante », il nome che Gotama spesso utilizzava per chiamare i suoi discepoli) abbiamo un grande compito da portare a termine, quello di lavorare per la salvezza degli uomini e degli angeli, mostrando loro la via per la redenzione. Dividiamoci, ognuno prenderà la propria strada, in modo da seguire direzioni diverse. Ognuno predicherà questa Dottrina e diffonderà le Verità che vi ho insegnato. Io andrò al villaggio di Senani, al limite delle giungle di Uruvela. »

Così Gotama tornò alla solitudine che conosceva così bene e nella giungla incontrò tre fratelli, chiamati Kassapa, devoti al dio del Fuoco induista. Essi erano considerati dei veri uomini di fede ; un tempo si considerarono superiori a Gotama in saggezza e conoscenza ma, avendo ascoltato le parole del Maestro giorno per giorno, furono gradualmente persuasi da esse e si convertirono alla sua dottrina insieme a tutti i loro discepoli.

Gotama, come gli altri grandi maestri, spesso predicava in parabole, utilizzando metafore legate alla Natura per chiarire i suoi messaggi. Un giorno, egli sedeva accanto ad alcuni dei suoi nuovi discepoli su una grande roccia, chiamata « La Roccia dell'Elefante », che dominava la valle di Rajagaha ; ad un tratto nella giungla divamparono le fiamme di un incendio, tingendo il cielo di un bagliore infuriato ; le bestie della giungla fuggirono impaurite dalle fiamme che avanzavano come mostri inferociti, consumando tutto ciò che trovavano sul loro cammino.

Gotama, che stava proprio parlando del dominio della passioni malvagie, paragonò il fuoco all'eccitazione interiore e all'ansia che consumano l'uomo dedito ai piaceri terreni. Il fuoco brucerà finché ci sarà qualcosa ad alimentarlo, e le fiamme del disprezzo e dell'avarizia bruceranno finché l'uomo si preoccuperà ed affliggerà coi desideri terreni. Per esempio, basta pensare all'uomo che si preoccupa solo d'accumular ricchezze ; egli non è mai soddisfatto di quel che ha, e desidera averne sempre di più ; senza sosta egli è così consumato dalla brama che quasi ne perde la salute. Invece, per colui che rinuncia ai possedimenti, il fuoco dell'avarizia si estinguerà ben presto; non avendo nulla egli non vorrà nulla, e potrà godere della pace perfetta. Il sermone che Gotama pronunciò sulla Roccia dell'Elefante rimase alla storia come «La Lezione sulle Fiamme» negli scritti dei vecchi libri della collezione di sermoni del Buddha ai suoi discepoli.

Vi ricorderete che, dopo aver lasciato la sua città, la prima città a cui Gotama fece visita fu Rajagaha. Lì egli aveva parlato con Bimbisara, il re, promettendogli che, se mai avesse trovato la saggezza che cercava, egli sarebbe tornato ad insegnargliela. Ripensando alla sua promessa, Gotama abbandonò la giungla di Uruvela per dirigersi a Rajagaha, accompagnato da un gran numero di discepoli.

Un giorno, mentre il Re Bimbisara era a palazzo, un messaggero venne a lui dicendo: «Il Maestro è arrivato.» Così il Re si alzò e, accompagnato da molti dei suoi nobili e cortigiani, raggiunse il Buddha e i suoi discepoli nel palmeto in cui sostavano.

Erano passati circa sette anni da quando il nobile Principe Siddhattha aveva varcato le porte della città per mendicare del cibo; a quei tempi la vita in povertà gli era estranea e sconosciuta, e sicuramente ricorderete quanto egli trovò ripugnante l'umile cibo che raccolse, al quale non era per niente abituato. Da quei tempi Gotama aveva imparato molto; i sei anni di penitenza nella giungla di Uruvela gli avevano insegnato il significato della sofferenza e della difficoltà, aveva imparato a resistere alle tentazioni e, alla fine, era riuscito a trovare la strada per la pace e per la redenzione dal dolore. E in quel momento, diventato il Buddha, l'Illuminato, Gotama faceva ritorno al regno di Magadha per onorare la promessa fatta al Re.

Bimbisara era un sovrano potente ma, una volta arrivato al palmeto in cui il Buddha sedeva al centro dei suoi discepoli, egli si inchinò con riverenza ai suoi piedi, dimostrando di considerare la potenza e la maestà di un Buddha al di sopra del potere e della grandezza terreni. Così Gotama, rivolgendosi a tutti, spiegò il significato delle Quattro Nobili Verità e dell'Ottuplice Sentiero per la pace e la redenzione. Alla fine del discorso, il Re Bimbisara si dichiarò credente e recitò le parole che generalmente si pronunciano diventando membri della Chiesa Buddista:

«Mi rifugio nel Buddha, mi rifugio nella Legge, Mi rifugio nell'Ordine.» Per «Ordine» s'intende la Chiesa, o fratellanza di monaci buddisti.

Prima di lasciare il palmeto, Bimbisara invitò Gotama e tutti i suoi discepoli a pranzo a palazzo per il giorno successivo.

La gente di Rajagaha fu eccitatissima a sentire della conversione del Re alla nuova religione, e una grandissima folla si radunò per vedere il Maestro ed i suoi seguaci entrare in città per dirigersi a palazzo.

Quando il Re ebbe accolto tutti i suoi ospiti, implorò il Buddha di accettare un dono; questo dono fu un il campo Veluvana, il «campo di bambù» poco lontano dalle porte della città. Il Re, infatti, riteneva che il palmeto in cui aveva incontrato il Buddha fosse troppo lontano, e desiderava avere il Maestro accanto a sé per poter fargli visita più spesso. Dunque egli offrì solennemente a Buddha e al suo Ordine di Monaci il campo di bambù. Un calice d'oro dal valore inestimabile fu riempito d'acqua e fiori profumati, che il Re versò sulle mani del Buddha dicendo: «Possa il Benedetto accettare il mio dono.»

Gotama passò due mesi nel campo di bambù dove lo raggiunsero i sessanta discepoli da cui si separò a Varanasi. In quel periodo due giovani nobili, Sariputta e Mogallana, si convertirono e diventarono monaci. Furono poi rinominati i discepoli di Destra e Sinistra, ovvero i due primi discepoli di Gotama, che lui stesso amava moltissimo.

Capitolo VIII
Il Re Convoca Suo Figlio

VI STARETE CHIEDENDO, forse, cos'era accaduto a Kapilavattu durante gli ultimi sette anni della nostra storia. Né il Re, né Yasodhara e nessuno dei suoi parenti aveva più visto Gotama dalla notte della sua fuga, quando scelse di condurre una vita da mendicante. Vi ricorderete della preoccupazione del Re generata dal timore di perdere suo figlio, tutte le sue precauzioni furono vane, in quella fatidica notte il nobile destriero Khantaka aveva portato via il suo padrone nella bianca luce della luna, lontano da ogni confine della terra di Sakya. Ci furono lamenti e amarezza nel palazzo quando la fuga del Principe venne scoperta, e il Re non ebbe alcuna notizia di suo figlio finché Channa, il cocchiere, ritornò dopo alcuni giorni portando i gioielli del Principe. Di tanto in tanto Suddhodana aveva inviato alcuni messaggeri per scoprire quali fossero le condizioni di Siddharta e grande fu la pena del re quando scoprì che suo figlio era molto cambiato a causa del digiuno e delle penitenze tanto che nessuno lo avrebbe riconosciuto a Palazzo. Ma un giorno il Re Suddhodana apprese che suo figlio stava bene, che era diventato un Buddha e che viveva in un bosco di bambù vicino a Rajaghana con molti seguaci che aveva convertito alla sua fede. Il Re, allora, gioì della notizia e sentì forte il desiderio di rivedere suo figlio ancora una volta. Chiamò uno dei nobili della sua corte e lo inviò insieme a mille uomini a Rjagaha.

«Vai da mio figlio,» disse, «digli che il Re, suo padre, desidera vederlo e portalo con te quando tornerai.»

Il tempo passò senza che il messaggero tornasse, né tantomeno inviasse al Re notizie del figlio. Dopo qualche tempo Suddhodana, spedì un nuovo dignitario di Sakya, anch'egli accompagnato da un migliaio di uomini, e gli ordinò di portare un messaggio a Siddartha. Allora il Re si mise in attesa trepidante, e anche Yasodhara, desiderando di avere notizie di suo marito, osservava in continuazione dal tetto del palazzo in direzione di Rajagaha, sperando di intravedere anche solo da lontano il ritorno dei viaggiatori. Ma non ci fu alcun segno di loro, né il Re ricevette alcun messaggio. Alla fine egli inviò ancora nove nobili , ognuno di loro con una schiera di mille uomini, ma nemmeno in questo caso il Re non ricevette alcuna notizia.

Allora il Re pensò, «Di chi mi posso fidare veramente?» quindi fece chiamare un uomo di nome Kala Udayin, che l'aveva sempre servito con lealtà, aveva la stessa età di Siddartha, era stato suo amico e compagno di giochi. Il Re gli disse: «Nessuno dei messaggeri che ho mandato da mio figlio è tornato, nessuno mi ha inviato notizie. Ti prego di andare da lui e di dirgli che desidero rivederlo prima di morire; sono ormai vecchio, e non credo che mi rimanga ancora molto tempo.»

Kala Udayin promise che avrebbe portato a termine la sua missione e prese congedo. Giunto a Rajagaha, scoprì che tutti i messaggeri che erano stati inviati prima di lui sul posto si erano convertiti ed erano diventati monaci, così nessuno di loro aveva più pensato al messaggio del Re.

Quando Kala Udayin andò nel bosco di bambù e prese posto nell'assemblea per ascoltare le parole del Maestro, si convertì anch'egli, e decise di dedicare la sua vita alla spiritualità, ma tenne in mente il massaggio che il Re gli aveva affidato e quando il mese di marzo arrivò e il profumo della primavera iniziava a diffondersi nell'aria, andò da Gotama e gli raccontò quanto suo padre desiderasse rivederlo.

«Ed ora,» disse Udayin, «ora che la primavera è arrivata e le strade sono asciutte e il bosco è pieno di fiori, è un buon momento per mettersi in viaggio».

Allora Gotama si decise a partire per visitare suo padre, e mando a dire ai suoi seguaci di tenersi pronti per accompagnarlo, i monaci infatti avrebbero dovuto condurre una vita di pellegrinaggio, viaggiando di luogo in luogo per predicare la dottrina. Siccome Gotama e i suoi discepoli viaggiavano a piedi il cammino fu piuttosto lungo e passarono due mesi prima che arrivassero a Kapilavatthu. Il Re che era stato avvertito del loro arrivo, stava aspettando alle porte della città per accogliere suo figlio. Suo fratello, i nipoti e alcune dame della famiglia reale lo avevano accompagnato e bambini che portavano fiori aprivano la processione.

C'era un boschetto di alberi di baniani (ficus benghalesis) fuori dalle porte della città, dove erano stati ricostruiti dei ripari e delle capanne per il Buddha e i suoi discepoli, visto che i monaci non potevano vivere né in palazzi né in case lussuose. Un baniano è una specie di ficus che cresce in India e in Ceylon; raggiunge una discreta altezza e i suoi rami si inarcano verso il basso creando delle nuove radici e formando così nuovi tronchi, questi a loro volta danno luogo a nuovi rami che si radicano allo stesso modo, così con il tempo un unico albero copre una vasta area di terreno. Un bosco di baniani, come quello dove dimorarono Buddha e i suoi discepoli, ha l'aria di una grande cattedrale, con fasci di pilastri naturali e il tetto a volta, sotto il quale la feroce luce del sole viene attenuata da una ombra soffusa e piacevole.

I Sakya erano sempre state persone fiere. Così gli zii di Gotama furono dispiaciuti nel vedere uno della loro stirpe ridotto a condurre la vita umile di monaco, con i capelli rasati, e chiedere la carità per avere un pasto giornaliero. Avevano quindi deciso di non inchinarsi al suo cospetto, ma vedendo il Re gettarsi ai suoi piedi si sentirono in obbligo di rendere onore a Buddha. Questa fu la terza volta che il Re Suddhodana si era inchinato di fronte a suo figlio. La prima volta fu quando il vecchio eremita profetizzò la futura grandezza di Siddhattha; la seconda quando l'ombra della melarosa rimase ferma a proteggerlo nella sua prima infanzia, ed ora, quando finalmente Suddhodana vide suo figlio come un Buddha perfetto, si inchinò ancora di fronte a lui. Nonostante gli rendesse onore, il Re nel suo cuore sperava ancora di vedere suo figlio diventare un grande monarca, sovrano di tutti i regni della terra, e gli parlò dello splendore e delle delizie della sua vita precedente a palazzo. Il Buddha rispose che le gioie che aveva guadagnato nella sua nuova vita erano molto più grandi di quelle che aveva lasciato alle sue spalle.

Accadde che il giorno dopo né il Re né i suoi fratelli invitarono il Buddha e i suoi discepoli a pranzare con loro. Allora al mattino prese la ciotola della questua e entrò nella sua città natale. Quanto strano deve essere sembrato alla gente del posto vedere il Principe, che un giorno avrebbe potuto regnare su di loro, mendicare il cibo per le strade della capitale! Il Buddha però aveva un'aria serena e imperturbabile e il suo viso risplendeva di una luce gloriosa, tanto che la gente si inchinava al suo passaggio come di fronte a un dio.

Quando il Re seppe che il Principe Siddhattha stava chiedendo l'elemosina per le strade, si arrabbiò molto, raccolse le sue lunghe vesti e uscì dal palazzo per cercare il figlio.

«Perché getti nella vergogna la tua famiglia chiedendo l'elemosina?» esclamò.

Il Buddha rispose che quelli della sua stirpe lo avevano sempre fatto. «Discendiamo dal nobile lignaggio di re e guerrieri» ripose Suddhodana, «e nessuno della nostra gente ha mai pregato per avere il suo cibo». Gotama spiegò che in realtà si riferiva agli antichi profeti e ai Buddha precedenti, che non possedendo nulla e avevano sempre vissuto grazie alla carità degli altri. Quindi Buddha pronunciò le seguenti parole:

«Alzati e non essere pigro,
Persegui una vita pura!
Chi segue la virtù riposa nella beatitudine,
In questo e nell'altro mondo.»

Il cuore del Re si placò e prendendo la ciotola delle elemosine del figlio, lo condusse a palazzo dove fece preparare un pranzo completo per tutti i discepoli del Buddha. Forse gli schiavi e i servitori ricordarono una scena completamente differente, risalente a sette anni prima, quando Gotama era entrato per l'ultima volta nella casa de padre. Splendente nelle sue vesti reali e nei suoi gioielli lucenti , il giovane Principe era entrato nel palazzo passando per i giardini, e la gente rallegrandosi per la bella notizia della nascita del suo primo discendente, aveva seguito il carro dipinto di colori vivaci, in una processione festante. Già in quel momento, Siddhattha aveva preso la decisione nel profondo del suo cuore, di rinunciare a tutto ciò che un uomo può avere di più caro nella sua vita. Quella stessa notte infatti, aveva lasciato la sua casa, per tor-

nare solo molto tempo dopo, da mendicante elemosinando il cibo da
porta a porta.

Quando i monaci finirono il loro pasto, le donne della famiglia reale
arrivarono a rendere omaggio al Buddha. Yasodhara però non era tra
loro, lei era rimasta nelle sue stanze, perché pensava « Se il mio signore ci
tiene ancora a me, verrà a cercarmi qui.» Gotama, avendo notato l'assenza
di sua moglie si alzò subito e andò agli appartamenti della Principessa,
accompagnato dal Re e da due discepoli. Sentendo dei passi lungo il
corridoio, Yasodhara si alzò repentinamente per incontrare il suo signore.
Che non fosse più come l'aveva visto l'ultima volta, un nobile principe
nel pieno del suo vigore, di gloriosa bellezza e regalità, Yasodhara poteva immaginarlo, però quando si trovò di fronte a questo monaco, con
il capo rasato, vestito di un grossolano abito giallo, fu sopraffatta dalla
sorpresa e cadde ai suoi piedi in lacrime. Allora, per la prima volta si
rese conto di quanto suo marito si fosse allontanato da lei, di come un
abisso li separasse. La calma e la bellezza di un altro mondo brillavano
nel suo volto e Yasodhara sentì che quello stesso amore che un tempo
era stato solo per lei ora era condiviso con tutte le creature del mondo.

Possiamo chiederci quali fossero i sentimenti di Gotama durante
l'incontro con sua moglie, ma non ci è dato sapere cosa pensasse in
quel momento. Quelli che hanno raggiunto «l'altra sponda»—la Pace
del Nirvana—si trovano oltre al limite delle passioni umane, avendo
conquistato se stessi, non possono più farsi conquistare. Certamente
Gotama confortò la moglie addolorata, non possiamo dubitarne, nel
cuore di un Buddha c'è un'infinita compassione e tenerezza, una profonda comprensione nei confronti della debolezza e della sofferenza
umana. Gotama non rimase a lungo in compagnia della moglie, ma
presto prese congedo e partì.

Gli orgogliosi nobili Sakya erano stati inizialmente contrariati dalla
vista del loro sovrano divenuto monaco questuante, ma quando sentirono il Buddha predicare la dottrina di pace e liberazione, molti furono
convinti dalla verità delle sue parole. Alcuni dei suoi parenti, trai quali il
fratellastro Nanda, si convertirono e divennero monaci, abbandonando il
loro status. Il Re Suddhodana, comunque, non fu tra i primi a convertirsi,

ma qualche tempo più tardi anch'egli iniziò a credere e entrò nella Via.

Gotama aveva un giovane cugino di nome Ananda. Un saggio aveva previsto che sarebbe diventato il discepolo di Buddha e suo assistente. Suo padre, allora, per timore di perdere il figlio, fece tutto il possibile perché i due cugini non si incontrassero mai. Le sue precauzioni furono vane. Un giorno Ananda si imbatté per caso sul Buddha, e come molti altri sentì immediatamente l'influenza della grande e nobile natura del Maestro. Quando Gotama si alzò per andare Ananda lo seguì e nessuno riuscì a trattenerlo.

Vi ricorderete forse di Devatta, il perfido cugino di Gotama, che gli era stato così ostile quando entrambi erano ancora dei ragazzi, anche lui si convertì alla nuova dottrina e raggiunse la confraternita dei monaci, ma la sua conversione non fu davvero sincera, come vedremo in seguito.

Tra i convertiti a Kapilavatthu c'era un gran numero di donne, alcune di queste andarono dal Buddha a implorare di essere ammesse all'Ordine come monache, ma egli in quel tempo non lo consentì, solo alcuni anni dopo permise alle donne di unirsi all'Ordine.

Yasodhara continuava a soffrire per la perdita del marito; il suo amore per Siddhattha la rendeva cieca a tutto il resto e non riusciva ad accettare il fatto che lui sarebbe stato un estraneo per lei da quel momento in poi. Un giorno, indossate le sue vesti reali e i suoi gioielli migliori, Yasodhara si recò con delle ancelle nel luogo dove Gotama andava per ricevere il cibo, pensando forse di attrarre il suo sguardo e sperando vanamente che lui potesse ritornare da lei. Nel tempo comunque, anche Yasodhara trovò pace nella fede in Buddha, entrò nell'Ordine e divenne una delle monache più oneste.

Circa una settimana dopo l'arrivo del Buddha a Kapilavatthu, Yasodhara mandò da lui suo figlio a chiedergli l'eredità. Rahula, che seguì suo padre nel bosco di baniani, gli disse: «Padre mio, un giorno sarò Re di questa terra, dammi ciò che mi spetta, il tesoro del quale io sono l'erede.» Ma il Buddha pensò tra sé e sé, «Questo tesoro, che mio figlio mi sta chiedendo è effimero e non porta felicità alcuna, gli farò dono invece del tesoro sette volte più grande che ho avuto sotto l'albero del Bodhi, lo renderò così erede del regno del paradiso.» Disse allora a Sariputta, uno dei suoi discepoli principali, di ricevere Rahula nell'Ordine, così il bambino, nonostante la sua giovane età entrò nella confraternita per essere formato come monaco.

Quando il Re seppe che suo nipote era diventato un monaco fu molto dispiaciuto e pregò il Buddha di creare una regola per la quale, in futuro, un figlio dovesse chiedere il permesso del padre e della madre prima di entrare nell'Ordine. Gotama acconsentì a questa richiesta e la regola rimane valida ancora oggi. Così se un uomo prende i voti per incorporare la confraternita dei monaci, gli viene sempre richiesto di confermare il consenso dei suoi genitori.

Molti tra quelli che avrebbero potuto succedere al trono di Sakya, scelsero invece di prendere i voti e quindi rinunciarono agli onori terreni. Sembra strano e meraviglioso che le preghiere del Buddha abbiano avuto il potere di rendere così tanti, tra uomini e donne, pronti a lasciarsi alle spalle l'agio della vita regale e soffrire la povertà e gli stenti per ottenere un giorno i tesori celesti del Regno della Verità.

Gotama rimase per circa due mesi a Kapilavatthu, e quindi ritornò con i suoi discepoli a Rajagaha.

Capitolo IX
Il Pellegrinaggio di Buddha

QUANDO IL BUDDHA ritornò a Raja-gaha riprese dimora nel bosco di bambù, dono del Re Bimbisara. C'erano molti altri gradevoli boschetti e giardini che gli erano stati donati da re e ricchi mercanti. Non dovete pensare che questi luoghi fossero di proprietà di Gotama. A nessun monaco Buddista è permesso possedere una privata proprietà, e il Buddha insistette sempre che i doni venissero fatti all'Ordine e non a lui personalmente. Una volta, quando Pajapati, la zia e madre adottiva di Gotama, gli portò degli indumenti di morbida lana che lei stessa aveva cucito, lui la pregò di darli all'Ordine, così facendo, le disse che avrebbe onorato entrambi, lui e la congregazione.

Tra tutti i monasteri-giardino dei quali abbiamo alluso, nessuno divenne più famoso del Jetavana, un bellissimo luogo vicino Savatti, la capitale del Kosala. Un ricco mercante, chiamato Anathapindika, un giorno stava viaggiando con cinquecento carri trainati da buoi, carichi di mercanzie; arrivato a Rajagaha gli capitò di ascoltare la preghiera del Buddha e dell'Ordine dei monaci e nessun posto al mondo gli sembrò più adatto a quello scopo, che il giardino del Principe Jeta, vicino a Savatthi. Tuttavia il Principe rifiutò di vendere il giardino. Il mercante offrì allora una somma più consistente, ma ancora una volta il Principe declinò. Dopo lunghe contrattazioni, il mercante Anathapindika persuase il Principe Jeta a vendergli quella porzione di giardino che egli sarebbe riuscito a coprire di denaro (delle monete quadrate in rame che si usavano a quel tempo). Il denaro fu portato in un carro trainato da buoi e le monete vennero poste una a fianco all'altra su tutto il giardino. Il mercante allora fece costruire delle dimore per il Buddha e per ottanta anziani in ritiro. C'erano delle capanne o celle per dormire e un padiglione sostenuto da colonne, aperto ai lati, in grado di ospitare una vasta assemblea. Queste costruzioni erano decorate vivacemente e il padiglione era decorato con raffigurazioni di anatre e quaglie.

Anathapindika, poi, fece costruire dei rifugi ogni lega della strada che collegava Rajagaha e Savatthi, e non appena tutto fu pronto, invitò il Buddha a venire a ricevere il suo dono. Quando si sparse la voce che il Buddha e i suoi discepoli stavano arrivando il città, una grande processione si preparò per accoglierli. Alla testa del corteo c'era il figlio del mercante insieme a cinquecento giovani che portavano drappi e bandiere dai colori sgargianti, poi venivano le due figlie di Anathapindika, accompagnate da cinquecento ancelle che portavano brocche d'acqua, e al seguito c'era la moglie del mercante, con cinquecento donne, che portavano piatti di cibo per i monaci. In ultimo c'era Anathapindika stesso, scortato da cinquecento mercanti tutti vestiti nei loro abiti migliori. Questa compagnia festosa camminò di fronte a Gotama e ai suoi discepoli fino al Jetavana, o giardino di Jeta, dove il mercante solennemente presentò il suo regalo. Fu portato un bacile d'oro e Anathapindika versò dell'acqua sulle mani del Buddha dicendo «Io dono il Monastero di Jetavana al Buddha benedetto e alla Congregazione di Monaci, entrambi presenti in questo momento, e a chi possa venire in seguito.» Questo fu davvero un nobile dono, e il Buddha mostrò quanto lo apprezzasse, passando molte delle stagioni delle piogge nel meraviglioso giardino di Jeta.

Nei periodi di bel tempo i membri della congregazione si separavano, viaggiando in differenti direzioni per predicare alla gente dei villaggi, ma quando la stagione delle piogge ricominciava, i discepoli si rincontravano e si riunivano attorno al Maestro in un quieto ritiro.

Una stagione delle piogge in India è molto diversa dal tempo umido al quale siamo abituati in Occidente. In India le stagioni sono molto più regolari di quanto non siano nel nostro clima variabile e, dopo un lungo periodo di ininterrotto bel tempo, i Monsoni si insediano e continuano per circa tre mesi. Dopo che il cielo è stato, per molte settimane, terso come l'ottone lucidato, e il caldo secco e torrido come quello di una fornace, ecco arrivare alla fine il ben sperato cambiamento. C'è un aroma di umidità nell'aria, cumuli nembi dal color porpora scuro si accalcano all'orizzonte e poi gradualmente si spargono le cielo. Lampi di luce e un

Gautama predicazione ai suoi discepoli
(Sidney Stanley)

lontano risuonare di tuoni annunciano il nubifragio in arrivo, finché le nubi finalmente prorompono sulla terra. La pioggia, che cade torrenziale, continua per settimane senza fermarsi, se non per piccoli intervalli di tempo. Talvolta la pioggia crea dei grossi danni: fiumi escono dai loro argini, interi villaggi vengono spazzati via dall'acqua e centinaia di uomini e animali affogano. Ma nonostante la distruzione, a volte causata dai Monsoni, tutto questo è necessario al benessere del popolo indiano come l'esondazione del Nilo lo è per gli abitanti dell'Egitto. Senza una sufficiente quantità di pioggia i campi rimarrebbero sterili e la gente morirebbe di fame. Quindi si attendono i Monsoni con impazienza in quanto portatori di fertilità e pienezza.

Per i monaci, la stagione delle piogge era dedicata alla meditazione e agli esercizi spirituali, in corrispondenza, per molti aspetti, alla nostra stagione della Quaresima. Alcuni dei più famosi sermoni del Buddha venivano recitati durante le piogge, in uno o nell'altro monastero-giardino, nei quali era solito ritirarsi.

Molte persone immaginano che il Buddha passasse la maggior parte del suo tempo in quieta meditazione, e normalmente si pensa a lui seduto sotto un albero in atteggiamento passivo. In realtà, pochi uomini condussero una vita più attiva di quella di Gotama dal momento della sua Illuminazione fino al giorno della sua morte. Aveva ventinove anni quando lasciò la sua casa a Kapilavatthu, dopo quel momento, passo sei anni alla ricerca della Verità, di conseguenza aveva circa trentacinque anni quando iniziò a predicare pubblicamente. Da quel momento la vita di Gotama fu completamente consacrata all'attività, per quarantacinque anni, visse infatti fino all'età di ottant'anni, non cessò mai il suo impegno di diffondere la fede che, egli credeva, avrebbe salvato l'umanità. Il Buddha guardava infatti, con amore e compassione tutti gli esseri viventi e desiderava che tutti potessero condividere la conoscenza della grande verità che egli aveva visto sotto l'albero del Bodhi.

La terra che si apriva tra Rajagaha e Savatti, in entrambe le sponde led Gange, è conosciuta come la terra Santa del Buddismo, poiché è qui che il Buddha peregrinò per molti anni predicando una dottrina di pace e salvezza. In effetti non ci sono molti luoghi in questa regione che non siano stati battuti dai passi del grande Maestro. Dovunque andasse era benaccolto dalle persone, e tutti coloro che erano infelici e scoraggiati andavano da lui a cercare conforto e consigli. Nonostante il Buddha avesse raggiunto la Grande Pace interiore e avesse superato la portata della sofferenza umana, era comunque guidato da una comprensione paterna nei confronti delle pene degli altri.

Era il suo quinto anno di predicazione, Gotama stava passando la stagione delle piogge a Magadha, quando un messaggero arrivò di tutta urgenza da Kapilavatthu con la notizia che il Re Suddhodana era gravemente malato. Gotama sentendo questo, si mise in viaggio immediatamente verso la sua vecchia casa, dove trovò suo padre ancora vivo. Il Re, al tempo novantatreenne, aveva desiderato molto avere suo figlio accanto, sentendo che il suo giorno era vicino. In passato Suddhodana aveva sofferto del fatto che il figlio avesse rifiutato il suo ruolo regale terreno e avesse scelto invece di fondare il « Regno della Giustizia ». Avrebbe dato tutto quello che aveva per poter vedere Gotama come potente monarca, signore della terra, piuttosto che nei panni di un mendicante, dalla testa rasata, che conduceva una vita di stenti e privazioni. Ciò nonostante, con il tempo, Suddhodana si accorse delle nobili verità contenute nell'insegnamento del figlio e finalmente anche lui entrò nel sentiero della Pace.

Il vecchio Re morì qualche giorno dopo l'arrivo di Gotama a Kapilavatthu. È una tradizione Hindu bruciare i morti, quindi una grande pira fu innalzata per la cremazione del corpo del Re. Solo quando tutte le cerimonie funebri furono terminate, il Buddha partì e fece ritorno nella terra di Magadha.

Un giorno, non molto dopo questi eventi, la vedova del Re arrivò a Magadha e supplicò di parlare con il Buddha. Vi ricorderete di Pajapati, la zia di Gotama, che, quando sua madre morì, lo allevò come se fosse suo figlio. Già al tempo della prima visita di Gotama a Kapilavatthu, Pajapati e le altre donne della famiglia Sakya lo avevano pregato di poter diventare monache. Erano pronte a rinunciare alle loro vite agiate per indossare la veste gialla e condurre la stessa vita dei monaci. Il Buddha però aveva rifiutato di ammetterle all'Ordine in quella fase. «Cercate

la perfezione nelle vostre case,» aveva detto «vestite dei vostri abiti bianchi da donne, e non aspirate alle vesti gialle e alla dura vita dei monaci. Perseguite una vita pura e virtuosa, in questo modo troverete la
pace e la felicità.»

Dopo la morte del Re, Pajapati e molte altre donne della famiglia, tra
le quali anche Yasodhara, decisero che avrebbero nuovamente implorato
per l'ammissione nell'Ordine. Si tagliarono i lunghi capelli, indossarono
le tuniche gialle e si misero in viaggio per Magadha, dove risiedeva il
Buddha. Arrivarono sfinite e provate dal viaggio, con gli abiti stracciati,
per la strada che era impervia e in parte attraversava la giungla. Quando
la Regina fu ammessa alla presenza del Buddha e ripropose la richiesta
ricevette la stessa risposta della prima volta. Uscì allora disperata e si
sedette, piangendo, all'entrata della dimora. La trovò Ananda, il cugino
di Gotama, e le chiese la ragione di tanta sofferenza. Essendo Ananda,
un uomo sensibile e buono d'animo andò da suo cugino, dal quale era
molto amato, e lo implorò ferventemente perché accogliesse la preghiera
della Regina. Alla fine, il Buddha cedette, per quanto malvolentieri, e
consentì di accettare le donne nell'Ordine. Rallegrandosi enormemente,
queste donne coraggiose rinunciarono a tutte le comodità e ai lussi ai
quali erano abituate e, come in monaci, condussero una vita fatta di
abnegazione e umiltà. Così fu fondata la congregazione femminile
Buddista. Molte donne, che avevano appreso dalle sofferenze della vita
che la felicità è transitoria, trovarono rifugio nella comunità delle nobili
monache. Tra coloro che avevano fatto propria questa dura lezione, c'era
Kisagotami, originaria della città di Savatthi. La sua storia spesso viene
ricordata come «La parabola dei semi di senape».

In India, le donne si sposano molto presto, e Kisagotami era poco più
che una bambina quando dovette sopportare l'amara sofferenza che può
arrivare a ogni donna. Il suo bambino, gioia della sua vita, cadde malato e morì. La povera madre ne fu talmente sconvolta che non poteva
credere che suo figlio fosse davvero morto e, portandolo sul suo fianco,
come normalmente le donne in India portano i loro bambini, si recò da
amici e conoscenti a chiedere delle medicine per il suo bambino. Ma la
gente la guardava meravigliata e le rispondeva che ogni medicina sarebbe

stata inutile. Kisagotami errò di casa in casa ripetendo la sua richiesta. Alla fine un monaco, che la vide e provò pietà per lei, la persuase a chiedere consiglio al Buddha. Kisagotami, continuando a portare con se il suo bambino morto, andò nel giardino di Jeta dove il Buddha risiedeva e prostrandosi ai suoi piedi gli chiese se almeno lui poteva darle delle medicine per curare il suo bimbo. « Devi portarmi dei semi di senape, » le rispose, « ma è necessario che vengano da una casa dove né genitori, né figli, parenti o servitori siano morti ».

Kisagotami, sempre stringendo a sé suo figlio, iniziò la sua ricerca sperando di trovare i preziosi semi di senape. Purtroppo in una casa le dissero che era morto il capo famiglia, in un'altra che avevano perso un figlio, in altre che un servitore o qualche membro della famiglia era deceduto, così la povera giovane non fu in grado di trovare una sola casa che non fosse stata visitata dalla Morte. Allora, finalmente, iniziò a comprendere la verità che il Buddha intendeva farle conoscere, cioè che l'ombra della morte si stende sopra ogni cosa, che non c'è nessuno in questo mondo che possa sfuggire al dolore e alla perdita. Kisagotami, allora, lasciò il corpicino del suo bambino in una foresta e tornò dal Buddha. « Maestro mio, » disse, « no ho portato i semi di senape, perché i morti sono molti, e non esiste famiglia dove la Morte non sia di casa. » Allora il Buddha consolò la povera madre e le insegnò la verità della sofferenza. È sempre così, spiegò, gli uomini basano la loro felicità nelle persone che amano, nella loro salute, nello stare insieme, poi improvvisamente, come un'alluvione notturna, la Morte arriva travolgendo tutto. Non era la prima volta che Kisagotami perdeva un figlio amato, molte altre volte, in precedenza, aveva sopportato la sofferenza della separazione da chi le era molto caro, molte altre volte ancora avrebbe subito la stessa pena. Kisagotami comprese quindi che solo la Pace del Nirvana può superare la Morte. Supplicò il Buddha di essere accettata nell'Ordine femminile e così entrò nella via della Pace. « Questa via è diritta : ci conduce dall'uno all'altro mondo, è la sola strada per l'oceano di purezza. »

Capitolo X
La Congregazione dei Monaci

L'ORDINE DEI MONACI Buddisti è la congregazione religiosa più antica del mondo. Fondata da Buddha circa 2500 anni fa, continua ad esistere al giorno d'oggi. C'è una grande differenza tra i monaci buddisti e gli ordini cristiani. I voti presi da un buddista che sceglie di entrare a far parte della congregazione non lo impegnano per la vita. Se un uomo scopre di non essere adatto a fare il monaco, può, in ogni momento, abbandonare il monastero e tornare alla vita laica. D'altro canto, essere cacciati per aver infranto le regole dell'Ordine è considerato un disonore. Molti prendono i voti per alcuni mesi o per brevi periodi, specialmente durante la stagione del digiuno e in alcuni paesi buddisti sono pochi gli uomini che non siano stati monaci durante la loro vita.

L'obiettivo del Buddista che sceglie di diventare monaco è di liberare la mente dai desideri terreni e raggiungere la calma che viene dal vedere le cose materiali per quello che sono e capirne il valore reale. Il Buddha insegnava che nessuno può intraprendere il cammino verso il Nirvana fino a quando non avrà cessato di desiderare i piaceri e le frenesie del mondo. E davvero pochissimi possono dire di riuscirci senza rinunciare al mondo e senza condurre una vita di pellegrinaggio. Nel radersi la testa e indossando tonache gialle un uomo si isola dal mondo e devia il flusso della sua vita in una diversa direzione. Le apparenze non hanno valore intrinseco. Il Buddha dice che «non è attraverso il digiuno, la polvere o dormendo sulla terra nuda che l'uomo diventa puro». Queste cose hanno un effetto ancora inferiore sui peccati commessi. Gli Hindu potrebbero pensare di potersi sottrarre alle punizioni per i loro peccati offrendo sacrifici agli dei, al contrario, il seguace del Buddha crede che nulla possa interferire con la legge universale di causa ed effetto. La sofferenza, in alcune forme, è il risultato inevitabile del peccato—il dolore segue, come conseguenza, un atto ingiusto «come la ruota segue il la zampa del bue che traina il carro.» Nulla può sollevare l'uomo dalla pena che segue il peccato. «Né il cielo, né le profondità del mare, né una fenditura delle montagne. Non vi è luogo conosciuto in tutto il mondo dove l'uomo possa essere liberato da un atto malvagio» La punizione lo coglierà, prima o poi, in questa vita o in quella successiva o all'inferno. I Buddhisti, tuttavia, non credono che le punizioni siano eterne. Una volta pagato il debito del proprio agire malvagio l'uomo può ancora arrivare alla salvezza.

All'obiettivo, cioè arrivare alla salvezza, il monaco tende una volta rinunciato ai piaceri e alle comodità della vita. La cerimonia di ammissione nella Congregazione Buddista è molto solenne e toccante. Istituita nelle origini, è rimasta in sostanza identica per duemila anni. Il candidato, l'uomo che sarà accolto nell'Ordine, deve presentarsi di fronte a un'assemblea di non meno di dieci monaci, che giudicheranno se si tratta di una persona idonea ad essere ammessa. La cerimonia di ordinazione solitamente ha luogo in un lungo atrio aperto il cui tetto è sorretto da pilastri. Ad una estremità dell'atrio siede il più anziano dei monaci, gli altri siedono a gambe incrociate su dei cuscini disposti ai due lati del padiglione nel senso della lunghezza. Il Candidato con i suoi abiti ordinari e portando la veste gialla sul braccio, cammina verso l'anziano e, inginocchiandosi di fronte a lui, implora per tre volte di essere ammesso dalla congregazione. Si ritira per indossare la tonaca per la prima volta. Quando il aspirante ritorna, vestito da monaco, si inginocchia e ripete la preghiera conosciuta come «Tre rifugiati».

«Vado a rifugiarmi dal Buddha. Vado a rifugiarmi nella Dottrina, Vado a rifugiarmi nella Confraternita.»

La formula viene ripetuta tre volte, dopodiché il nuovo monaco giura di osservare i Dieci Precetti, o Comandamenti, ripetendo ciascuno separatamente.

«Prendo il voto di non distruggere nessuna vita.» Questo è il primo comandamento, un buon Buddhista non ferisce né offende nessun essere vivente poiché il Buddha ha detto: «Colui che, cercando la propria felicità, punisce o uccide esseri che pure cercano la felicità, non troverà la felicità dopo la morte.» Il secondo comandamento impedisce di rubare alcunché. Il terzo chiede di raggiungere la purezza nella vita. Il quarto vieta di mentire o di parlare falsamente — nelle raccolte di versi è scritto « Fa in modo che nessuno dica il falso davanti al Tribunale, fa in modo che si eviti tutto ciò che non è vero ». Il quinto comandamento condanna l'utilizzo di bevande intossicanti che conducono l'uomo a peccare ». Attraverso l'intossicazione lo stupido commette peccati e corrompe altre persone.

Questi cinque precetti dovrebbero essere osservati da tutti i Buddhisti, che siano uomini laici o monaci, i rimanenti cinque si riferiscono specialmente ai monaci essendo comandamenti che proibiscono di mangiare in alcuni periodi, recarsi a giochi e divertimenti, indossare ornamenti, dormire su letti morbidi, ricevere oro e argento che nessun monaco può possedere. Dopo la ripetizione dei Dieci Precetti, la cerimonia di ordinazione termina e il nuovo monaco è un novizio o principiante, non potrà ricevere l'ordine completo fino a quando non compirà vent'anni d'età.

Il novizio, entrando nella sua nuova vita, diventa il pupillo di un monaco più anziano, che si comporta con lui come un padre farebbe con il proprio figlio. Il novizio, da parte sua, rispetta il volere quotidiano del proprio padre spirituale. È suo dovere alzarsi prima dell'alba e dopo essersi lavato, dovrà pulire l'abitazione e spazzare attorno all'albero del Bodhi, che viene piantato nelle vicinanze di ogni monastero per ricordare l'albero sacro del Bodhi sotto il quale Gotama ottenne l'illuminazione. Portati a termine questi compiti, e una volta raccolta e filtrata l'acqua, il novizio si siede e medita. Per meditazione si intende concentrare la mente su un soggetto dato, bandendo tutti i pensieri. La meditazione su alcuni temi sacri è una forma di preghiera praticata nella religione del Buddha.

I monaci Buddhisti possono fare un pasto al giorno tra l'alba e mezzogiorno. Quindi quando è ancora presto, il novizio segue il proprio superiore al villaggio per la questua quotidiana. In silenzio i monaci porgono le loro ciotole davanti alla soglia delle case, poiché non possono chiedere nulla, in silenzio percorrono la loro strada, senza lamentarsi di coloro che non hanno donato niente. La gente nei paesi Buddisti ama e onora i monaci, fornire loro del cibo è considerando un privilegio, anche i più poveri tengono da parte una piccola porzione di riso o un frutto, in previsione della visita quotidiana dei monaci. Tuttavia solo cibo o oggetti necessari possono essere donati poiché il monaco non può possedere denaro. Infatti i suoi possedimenti sono limitati a otto oggetti che sono considerati necessari : una ciotola, un rasoio, un ago, un contenitore per l'acqua, tre vesti e un perizoma. Le tre vesti compongono l'abito giallo da mendicante, già menzionato in precedenza. Sono tre pezzi di cotone grezzo, tinti di un colore arancione spento ; due di questi pezzi vengono indossati come biancheria e il terzo avvolto attorno al corpo, come una tonaca romana, con un capo buttato sulla spalla sinistra, lasciando il braccio destro libero.

I monaci buddisti conducono una vita molto semplice e frugale, ma non si sottopongono, come invece facevano gli antichi santi Hindu, a digiuni e severe privazioni. Fu lo stesso Buddha a proibire queste pratiche, in quanto provò lui stesso la loro inutilità. Un monaco dedica il suo tempo a studiare i libri sacri, copiandoli, imparandone dei brani a memoria e meditando sulle grandi verità contenute in essi. Si occupa inoltre dell'insegnamento ai più giovani, in quanto la maggior parte dei monasteri ospita delle scuole, e delle semplici attività quotidiane. Per quel che riguarda riti e cerimonie, non ce n'è di complessi, si offrono semplicemente fiori freschi al tempio, sotto l'immagine del Buddha che siede in un atteggiamento di calma contemplazione, un simbolo della Grande Pace che è l'obiettivo di tutti i veri Buddisti. Non si deve però credere che i Buddisti adorino queste immagini, piuttosto venerano il Buddha in quanto simbolo di perfezione per l'umanità, il Grande Maestro, che imparò la Verità e la insegnò alla gente. Non vedono però nel Buddha altro che un grande uomo. Uomini e donne si recano nei santuari, che spesso sono costruiti all'ombra di grandi alberi, portando delle offerte di fiori. In silenzio si siedono e meditano sulla bellezza e sulla santità di colui che mostrò loro la via della Pace. A volte i monaci leggono delle parti dei libri sacri alle persone riunite, ma in questi Paesi, dove prevale la semplice fede nel Buddha, non ci sono cerimoniali regolamentati come quelli delle chiese Cristiane.

Due volte al mese, durante il novilunio e il plenilunio, tutti i monaci di un distretto si incontrano per la Confessione. Il più vecchio della congregazione, dopo aver letto una porzione delle Scritture, chiede all'assemblea se ha dei peccati da confessare. Se i monaci rimangono in silenzio, la stessa domanda, viene ripetuta una seconda e una terza volta. Il monaco che, pur avendo un peccato nella sua coscienza, non lo confessa alla terza ripetizione della domanda, è da ritenersi colpevole di mentire intenzionalmente.

Avete già letto della congregazione femminile Buddista, che è stata fondata da Pajapati, zia del Buddha e sua madre adottiva. Le sorelle, o monache, vivono insieme in comunità con le stesse regole imposte ai monaci uomini. Viene loro insegnato di rispettare i monaci come loro superiori, vengono infatti educate da loro e a loro confessano i peccati. Le consorelle, come i monaci, sono libere di reintegrare la società, se lo desiderano, anche se, vedendole, è impossibile immaginarle in qualsiasi altro contesto che non sia quello della vita monastica. Nelle prime fasi del Buddismo, le congregazioni femminili prosperavano in molte città e villaggi, alcune monache divennero maestre della Dottrina e facevano proseliti tra la gente, in quanto alle donne indiane di quei tempi era concessa una libertà maggiore, rispetto a quella accordata alle donne Hindu dei nostri tempi.

Per quanto la maggior parte dei monaci vivessero tra la gente, errando tra i villaggi per predicare la verità che il Buddha aveva loro insegnato, c'erano tra loro molti che avevano scelto di vivere nelle grandi foreste, come eremiti. Spesso infatti la vita solitaria era un ottimo mezzo per raggiungere l'indifferenza nei confronti delle cose del mondo, che è il primo insegnamento di cui appropriarsi per i confratelli dal saio giallo.

Vivendo immersi nell'estrema solitudine della giungla indiana, questi monaci eremiti potevano godere della stretta vicinanza della Natura, imparavano così ad amarla e comprenderla, come mai potrebbero fare gli abitanti di una grande città. Senza altro riparo che le fronde di un grande albero, o una grotta di montagna, girovagavano attraverso la giungla, liberi e senza paura, come l'elefante o il rinoceronte, perché chi ha raggiunto la conoscenza del sé non ha nulla da temere. Nelle radure, o nelle vette di montagna battute dal vento, questi pellegrini trovavano la gioia e la libertà. Possiamo oggi accedere alla profondità dei loro sentimenti nei confronto della Natura, grazie ai salmi e ai poemi che molti di loro ci hanno lasciato. La fioritura sul limitare del ruscello, la gru cenerina che, dalla palude, si alza in volo nella luce del tramonto, i bianchi raggi di luna che illuminano dolcemente il sentiero nella giungla : sono queste le immagini che riempivano gli osservatori solitari di una serenità profonda. « Girovagano pacificamente, per foreste e montagne. Sono felici ricercando la felicità, e si lasciano la tristezza alle spalle. …» Non erano solamente gli aspetti più delicati della Natura a portare gioia a questi monaci raminghi, infatti ci raccontano anche dell'appagamento che li pervadeva quando le nuvole di tempesta coprivano l'orizzonte, quando i lampi illuminavano il cielo e « le nubi tonanti suonavano i tamburi del paradiso.» Così, faccia a faccia con la Natura, i monaci facevano proprio l'insegnamento di saper governare la propria mente che « come una roccia rimane immobile, nella passione resta immune alla passione, nella rabbia priva rabbia ». In questo modo il loro dovere era compiuto, « È stato fatto ciò che si doveva fare », fredda come la vetta innevata dell'Himalaya è la mente di chi ha spento il fuoco delle passioni terrene.

La gente dei Paesi Buddisti accorda un grande rispetto ai monaci per le loro vite pure e distaccate da l mondo. Si crede che ogni dono elargito a questi santi uomini sia a beneficio di colui che dona e che lo porti più vicino alla comprensione della dottrina del Buddha. In realtà non tutti i Buddisti vedono abbastanza chiaramente la verità in modo da poter staccarsi completamente dai piaceri del mondo, eppure guardano alla vita dei monaci come al più alto stato di comprensione della Parola. In un mondo in cui niente è sicuro, dove il cambiamento è sempre in atto, attraverso la trasformazione e la distruzione, l'unica cosa a cui l'uomo deve aggrapparsi è la Pace del Nirvana, che è la sola ad essere ferma e immutabile. Purtroppo l'insegnamento del Buddha è difficile da realizzare, solo dopo molte vite e sopportando molte sofferenze, l'uomo percepisce la natura transitoria e fluttuante di tutto ciò che brama di raggiungere. « Questa vita passa in un giorno e una notte, qual è la ragione per cui gioirne in una tale brevità ? »

Capitolo XI
Storie dei Tempi Andati

I MONACI DI CUI abbiamo parlato nello scorso capitolo si sono sempre comportati da missionari zelanti e, grazie ai loro sforzi, la Fede ha potuto diffondersi in paesi lontanissimi da quello in cui ebbe origine. Il buddismo, come la cristianità o l'islamismo, è una religione missionaria e, già dagli albori, ha diffuso la propria Fede grazie a maestri inviati in ogni dove a condividere il proprio Credo e convertire alla propria benedizione. Questi missionari predicavano a tutti, ricchi e poveri, uomini e donne, letterati e illetterati.

Quando il Buddha predicava alle umili genti dei villaggi, che si affollavano nei Giardini di Jeta per ascoltarlo, spesso egli si serviva di parabole e allegorie. Molte notti, mentre il giardino riposava alla luce della luna e le lucciole scintillavano al buio degli alberi come tenui candele in una cattedrale, Gotama sedette circondato da attenti ascoltatori raccontando storie che loro potessero comprendere per insegnare loro che ogni uomo deve sempre raccogliere i frutti delle sue azioni, buone o cattive che siano. Molte delle storie con cui il Buddha intratteneva i suoi ascoltatori sono diventate famosissime in Europa. Molte delle Fiabe d'Esopo, infatti, hanno origine in India e, molte tra esse, furono raccontate da Gotama nel famoso Jetavana, o Giardino di Jeta. Così le storie della Tartaruga Chiacchierona, dell'Asino Vestito della Pelle del Leone e molte altre, erano già ampiamente conosciute in India più di duemila anni prima che si diffondessero in Europa. Noterete che queste storie portano sempre con loro una morale, ovvero una lezione da imparare; spesso essa mostra come la saggezza e la virtù prosperino sempre a discapito dell'ingiustizia e della stupidità, destinate quindi alla sofferenza.

Molte delle parabole indiane ci mostrano come un essere possa, nel corso di diverse vite, risalire, passo dopo passo, dalla più bassa alla più alta condizione, fino anche ad arrivare alla vetta della perfezione, come accadde al Buddha. Questo perché il destino di ogni essere dipende dalle sue azioni: nel bene o nel male ognuno muove i fili che tengono insieme più vite ed ogni vita è il prodotto diretto di quella precedente; ne risulta che ci sia un'unica lunga vita, solo momentaneamente interrotta dalla morte intesa come mero momento di passaggio tra un periodo vitale e l'altro.

Molte storie ci raccontano delle vite precedenti di Gotama il Buddha; si dice infatti che egli abbia vissuto in forma umana, ma anche in forma animale, nascendo ad esempio lepre, quaglia, cervo e molti altri animali. Il nome con cui ci si riferisce a lui in queste storie è «Bodisat», che significa «colui che tende alla perfezione, ma non ha ancora raggiunto l'illuminazione». In ogni vita egli compì azioni virtuose, avvicinandosi passo dopo passo alla vetta. In una storia chiamata «Il Cervo Devoto», incontriamo un nobile cervo, capo del suo branco, destinato a diventare il futuro Buddha. Il suo branco, di un centinaio di membri, viveva in una calma e bellissima valle. Il re del branco era un cervo magnifico, che tutto il tempo si prendeva cura dei sui cervi e si batteva con onore per loro contro ogni minaccia. Un giorno un cacciatore, intento a seguire delle tracce nei pressi delle colline, notò il maestoso capo branco ed i suoi compagni. Egli andò subito a riferire al suo Re di quello che aveva visto; il sovrano, quindi, programmò una battuta di caccia per catturare gli animali.

Quando i cacciatori ebbero accerchiato le loro prede il capo branco, determinato a fare tutto il possibile per mettere in salvo gli altri cervi, capì che l'unica via di fuga sarebbe stata attraverso un turbinoso fiume che confluiva fino in fondo alla valle. Alcuni cervi però, come i più giovani o i più anziani, non sarebbero mai riusciti a guadare fin laggiù. Cosa avrebbe dovuto fare, allora? Noncurante di sé, pensando solo al bene degli altri, il capo branco saltò nel fiume invitando i suoi compagni a servirsi del suo corpo come ponte per raggiungere la riva opposta. Uno ad uno i cervi saltarono sul suo dorso, quasi come fosse una pietra nel fiume, riuscendo ad attraversare il fiume sani e salvi. Il capo branco, però, ne rimase gravemente ferito, con la carne del dorso lacerata fino all'osso a causa dello sfregamento di così tanti zoccoli; cominciò a sen-

tire il sopraggiungere della morte, quando si rese conto che un ultimo
cerbiatto non era riuscito a raggiungere la riva opposta. Lo chiamò e,
con un ultimo sforzo, riuscì a portare il piccolo in salvo, prima di ac-
casciarsi ed esalare il suo ultimo respiro.

Così, grazie alla nobiltà del proprio sacrificio, il cervo riuscì a salvare
l'intero branco da una morte certa. Dando la sua vita per salvare quella
degli altri egli dimostrò una grande virtù, grazie alla quale poté cominciare il suo percorso per la perfezione.

In altri casi, il futuro Buddha è rappresentato come un mercante, un
tesoriere del re, un mercante di vasellame, ecc... C'è una storia, ad esempio, chiamata «Tenersi stretta la Verità», destinata a coloro i quali ten-
dono facilmente a seguire i consigli di persone non meritevoli di fiducia.

La storia racconta quanto segue: C'era una volta un Bodisat nato in una
famiglia di mercanti, che viveva nei pressi di Varanasi. Quando diventò
grande, cominciò a vendere la sua merce trasportandola con cinquecento
carri trainati da tori; da est ad ovest, egli viaggiava moltissimo. Nella stessa città viveva il figlio di un altro mercante, un giovane uomo stupido
ed inetto, bramoso di ricchezze. Un giorno, entrambi i giovani mercanti
avevano accumulato merci di un certo valore e le avevano caricate sui
loro cinquecento carri, pronti a partire per il mercato. Allora il Bodisat
pensò: «Se viaggiassimo insieme non ci sarebbe abbastanza spazio per
tutti questi carri, non saremmo in grado di procurarci abbastanza legna
ed acqua e non ci sarebbero pascoli a sufficienza per le nostre bestie.»
Così, si recò dall'altro stolto mercante e gli disse: «Non possiamo viaggiare insieme; volete partire prima o dopo di me?» L'altro mercante
decise di partire prima, pensando di trarre da tale scelta il massimo
del vantaggio: ci sarebbe stata più erba per i buoi, abbastanza acqua, e
sarebbe arrivato prima per vendere al mercato. Dunque egli preparò i
suoi cinquecento carri e cominciò il suo viaggio. La strada che la carovana avrebbe dovuto attraversare per raggiungere la città attraversava un
grande deserto privo di fonti d'acqua e infestato da demoni. Prima
d'inoltrarsi in quel deserto, il giovane stolto mercante ordinò ai suoi
uomini di riempire delle grandi riserve d'acqua e di caricarle sui carri.
Giunti a metà del percorso, la carovana incontrò un uomo seduto in

un maestoso carro trainato da tori bianchi come la neve; dieci o dodici servi, vestiti di ghirlande di ninfee, lo seguivano portando in mano fasci di fiori di loto bianchi e rossi. Le capigliature e le vesti di quegli uomini sembravano zuppe d'acqua e le ruote del loro carro erano coperte di muffa. Lo stupido mercante salutò il viaggiatore, chiedendogli se per caso avesse incontrato piogge sul suo cammino. « Pioggia ? — esclamò il capo di quei demoni — C'è sempre pioggia ! Oltre la verde foresta che state per scorgere, la terra è piena d'acqua, i fiumi sono sempre in piena e ci sono piscine coperte di fiori di loto.» Il mercante, abboccando a quelle fandonie, si convinse a gettar via l'acqua delle riserve che aveva fatto riempire per alleggerire i carri, perché sarebbe stato sciocco trasportare dell'acqua in una terra così piovosa. A quel punto i demoni sparirono, ritirandosi da dov'erano venuti.

Ben presto, i poveri viaggiatori scoprirono quale grosso errore era stato compiuto, in quanto di fronte a loro continuava a distendersi solo una coltre di terra secca, in cui non c'era traccia d'acqua. Quando sopraggiunse la notte, si accamparono sul ciglio della via ma, del tutto privi d'acqua, non poterono né cucinare né dar da bere alle loro povere bestie esauste. Sfiniti e scoraggiati, gli uomini si addormentarono e nessuno rimase a vegliare sul campo. Presto i demoni tornarono dal loro regno per uccidere tutti gli uomini e i loro buoi; li divorarono tutti, rimasero solo ossa quando gli spiriti andarono via. Tutti quegli uomini persero la vita a causa della stupidità del loro capo, che aveva creduto alle fandonie del demonio senza pensarci.

Circa un mese e mezzo dopo, il Bodisat partì con la sua carovana in direzione della stessa città verso cui aveva viaggiato il mercante stolto. Quando il Bodisat e i suoi uomini arrivarono al deserto, a metà percorso incontrarono il demone col suo carro trainato da bianchi buoi. Come la prima volta, lui ed i suoi servitori assunsero l'aspetto di chi si era imbattuto nella pioggia; portavano, inoltre, fiori di loto e ghirlande di ninfee. Il demone raccontò al Bodisat esattamente la stessa storia che aveva raccontato precedentemente all'altro stolto giovane mercante. Il Bodisat, però, grazie alla sua perspicacia, pensò : «Quest'uomo sembra audace nei suoi modi, ma noto che, a differenza degli uomini normali, non è seguito da alcun'ombra; senza dubbio è un demone e sicuramente ci sta tendendo una trappola. Non darò alcuna importanza a quello che dice.» Così, quando il demone gli consigliò di svuotare l'acqua per alleggerire i carri, il Bodisat gli rispose d'essere perfettamente in grado di amministrare da solo i suoi affari. Come nel primo caso i demoni allora sparirono, tornando alle loro dimore. A quel punto il Bodisat raccontò ai suoi uomini d'esser certo che quell'uomo fosse un demone e che la sua storia, inoltre, gli sembrava per nulla veritiera; se si trovavano vicino ad una terra così piovosa, perché allora all'orizzonte non si scorgeva neanche una nuvola, o non si sentiva un tuono? I tuoni possono esser sentiti a distanza di chilometri e l'odore dell'umidità delle nuvole è distinguibile anche a grandissime distanze; ma di nuvole nel cielo o di climi piovosi non c'era neanche una traccia. Così la carovana si rimise in marcia, raggiungendo ben presto la zona in cui il mercante stolto si era accampato con i suoi uomini; i cinquecento carri erano lì abbandonati pieni zeppi di merce, come se fossero stati appena caricati, e le ossa degli uomini e delle bestie erano sparse ovunque. Prima del calar della notte il Bodisat ed i suoi uomini si accamparono; i carri furono disposti in circolo, in modo tale da creare una solida barriera, e i buoi, che poterono cibarsi e abbeverarsi, furono posizionati all'interno del cerchio. Il Bodisat ed il capo della carovana fecero la guardia al campo per tutta la notte brandendo tutto il tempo le loro spade; in questo modo i demoni non osarono attaccarli. Quando si levò il sole, i buoi furono imbrigliati ai carri e la carovana fu ben presto pronta a ripartire. Il viaggio poté concludersi nel migliore dei modi ed il Bodisat poté vendere le sue merci ad alto prezzo per poter poi tornare a Varanasi assieme ai suoi uomini, in tutta tranquillità. Così finisce la storia di «Tenersi stretta la Verità», ovvero sapersi attenere a quello di cui si è sicuri, invece di dare ascolto a consigli sconsiderati.

Molte di queste pittoresche vecchie storie ci insegnano l'alto valore dell'atto del sacrificio personale. Una storia narra del Buddha durante una delle sue vite degli anni passati, nato sotto forma di una saggia lepre. Tale lepre, come si racconta, viveva sui pendii di una montagna insieme a molti altri animali. Un giorno un uomo di fede passò da quelle parti e gli animali furono tutti ansiosi di offrirgli dei doni. Ognuno di essi, secondo le proprie possibilità gli offrì qualcosa, ma la lepre pensò: «Cos'ho da donare? L'unico dono che potrei offrire a quest'uomo è me stessa!» Poco lontano si trovava un fuoco, così la lepre vi saltò dentro e si arrostì per offrire un pasto all'eremita, guadagnandosi grande merito; quale atto potrebbe procurare il più alto merito, se non offrire la propria vita agli altri?

Un'altra volta il Bodisat, o il futuro Buddha, fu rappresentato nei panni di un eremita vivente in una grande foresta. Era tempo di carestia: da molti mesi non pioveva, tutti i campi erano secchi e tutti i prati erano ingialliti; la terra era così arida che profondi solchi la attraversavano e la spaccavano. Un giorno, l'eremita sedeva all'ombra di un albero per ripararsi dall'afa assorto nella meditazione. quando scorse una tigre scarna e smunta con i suoi due cuccioli. L'animale era così stremato dalla carestia che riusciva a malapena a ruggire, ed i suoi piccoli gli imploravano un cibo che esso non poteva dargli.

L'eremita sentì subito una forte compassione per la povera madre e i suoi piccoli affamati e pensò: «Darò dimostrazione del più altro atto di sacrificio personale; darò la mia vita per questa tigre, così che possa sfamare i suoi piccoli ed alleviare le loro pene.» Così egli si stese sul cammino della bestia selvaggia che, scorgendo una preda, le balzò sopra e la divorò. Queste storie potrebbero sembrare strane ed irreali all'orecchio dell'ascoltatore occidentale, ma sono ricche di significato per la gente orientale, abituata all'idea che la più alta virtù sia celata nell'offrire se stessi agli altri.

C'è una vecchia storia chiamata «Il Toro Nero della Vecchia signora»[1], che potrebbe piacervi. Una volta, tanto tempo fa, il Bodisat tornò in vita nelle sembianze di un toro. Quando ancora un giovane vitello, egli fu donato ad una vecchia signora da un uomo che le era debitore per l'affitto della sua dimora. La vecchia signora subito si affezionò al piccolo animale; lo nutrì con riso e cereali e fece di lui il suo fedele compagno. Il suo nome fu «Nerone», e tutti lo chiamavano «Nerone della Vecchia Signora.» L'animale era libero di girovagare ovunque volesse e fece amicizia con i bambini del villaggio, che si divertivano a montargli in groppa aggrappandosi alla sua coda e alle sue corna; «Nerone», però, era così buono che non torse loro mai neanche un capello. Quando fu cresciuto, egli diventò un forte e bellissimo giovane toro, con un manto brillante, nero come quello di un corvo. Un giorno egli pensò: «Mia madre — perché era così che l'animale considerava l'anziana donna — mi sembra molto povera; è sempre stata così buona con me, mi ha sempre trattato come un figlio; dal canto mio potrei cercare di fare qualcosa che le frutti qualche soldo!» Così Nerone si mise alla ricerca di un lavoro. Un pomeriggio la vecchia signora sedeva da sola in casa sua quando Nerone si avvicinò, esausto e con un sacco legato al collo. Dentro il sacco la donna trovò tantissime monete. Indagando sull'accaduto, le fu detto che una carovana con cinquecento buoi aveva cercato di attraversare il guado, ma il fango era così profondo che i buoi non erano riusciti a smuovere i carri. Il padrone della carovana, cercando altre bestie che potessero aiutarlo, notò Nerone mentre pascolava accanto al guado. Subito chiese ad alcuni mandriani a chi appartenesse quel giovane toro, in quanto gli sarebbe piaciuto offrire una ricompensa a chiunque l'avesse aiutato a superare il guado con i suoi carri; avrebbe pagato due monete per ognuno dei cinquecento carri, offrendo un migliaio di monete in totale. Sentendo di quell'offerta, Nerone si lasciò aguantare e legare ad uno dei carri. Raccogliendo tutte le forze, fece un grandissimo sforzo e tirò il carro oltre il guado. In seguito fu imbrigliato ad un secondo carro, poi a un terzo e così via, fino a quando non li ebbe trasportati tutti.

Quando la vecchia signora sentì delle gesta di Nerone, lo elogiò offrendogli del buon cibo e dell'acqua, poi gli offrì un bagno caldo e lo cosparse di olio. Nerone visse felice assieme alla vecchia signora fino alla fine dei suoi giorni, e infine se ne andò «seguendo le sue gesta», ovvero, grazie alle sue gesta furono decise le sorti della sua futura vita. La storia di Nerone termina con i seguenti versi:

> Quandunque il carico sarà pesante,
> Ovunque la falda sarà profonda,
> Lasciate che Nerone sia imbrigliato,
> Lui saprà trasportare il carico!

Ancora, c'era una volta il Bodisat, nato in forma di Elefante nella zona dell'Himalaya. Era una bestia bellissima, dal colorito bianchissimo, ed era a capo di un branco di ottantamila elefanti. Sua madre era cieca quindi, da figlio devoto, egli cercava in lungo e in largo per lei i frutti più dolci, che le inviava grazie all'aiuto di altri elefanti. Dopo qualche tempo, però, scoprì che nessuno di quei frutti così duramente ricercati arrivava a lei : gli avidi elefanti li consumavano durante il cammino. Così il nostro Elefante decise di lasciare il branco e condurre sua madre in terre tranquille, in cui lui avrebbe potuto occuparsi di lei. Nel bel mezzo della notte i due scapparono e si nascosero in una caverna nei monti, vicino ad un bellissimo lago. Lì, l'Elefante poté occuparsi di sua madre e accompagnarla ovunque lei volesse.

Un giorno, mentre era in cerca di cibo, l'Elefante sentì dei lamenti, quando si accorse di esser giunto nelle vicinanze di un boscaiolo apparentemente sofferente. Nel momento in cui l'Elefante gli chiese cosa lo affliggesse, l'uomo rispose che si era perso e che girovagava da una settimana in cerca della via. « Non abbiate paura di me, non ce n'è alcun motivo — disse l'Elefante — vi mostrerò la via che conduce alla strada degli uomini. » Così lasciò che l'uomo gli salisse in groppa e lo accompagnò al sicuro, fuori dalla giungla. Il boscaiolo, ritrovando la strada, poté tornare a casa sua, a Varanasi.

Nello stesso periodo, l'elefante personale del Re morì, e non si riuscì a trovare alcun valido sostituto che accompagnasse il Re nelle sue parate reali. Così fu inviato per le strade di Varanasi un messaggero, che al suono si un tamburo annunciò : « Chiunque sia a conoscenza di un elefante eleggibile per il trasporto del Re, è pregato di recarsi a palazzo per annunciarlo. » L'ingrato boscaiolo, allora, si ricordò dell'Elefante che gli aveva salvato la vita conducendolo fuori dalla foresta. L'uomo si recò a palazzo e, al cospetto del Re, disse : « Oh mio Re, lontano, su un monte dell'Himalaya, c'è un magnifico elefante, bianco come la neve, adatto a servire sua Maestà. » Così il Re inviò i suoi cacciatori di elefanti, guidati dal boscaiolo, fino alla grotta nelle montagne. Trovarono l'Elefante intento ad abbeverarsi al lago di ninfee. Comprendendo che quegli uomini erano lì per catturarlo, l'animale si disse : « Nonostante la mia forza sia tale da disfarmi di centinaia di elefanti, non devo cedere alla rabbia, neanche quando mi colpiranno coi loro coltelli.» Dunque l'animale rimase immobile e si lasciò catturare e trasportare a Varanasi, per un viaggio lungo sette giorni.

Il Re apprezzò quel bellissimo Elefante bianco e gli conferì una stalla decorata con arazzi dai colori brillanti e ghirlande di fiori. L'Elefante, però, non toccò cibo, triste per la sua povera mamma cieca, sola e lontana tra le montagne. Quando il Re chiese all'Elefante perché non mangiasse, l'animale rispose: «Oh mio Re — mia madre, cieca e sventurata, ha bisogno di suo figlio; se ne sta sola tra le montagne, scalciando ai piedi di un albero.» Il Re rimase colpito dalla devozione dell'Elefante verso sua madre. «Lasciate andare quest'Elefante — disse — lasciatelo tornare alla sua vecchia dimora, così che possa ritrovare sua madre che piange per lui.» Così l'Elefante poté tornare a casa, tra le montagne, e sua madre poté gioire del suo ritorno.

Un'altra storia narra del Bodisat nato, questa volta, nella casa di un ricco Bramino. Quando i suoi genitori morirono, egli ereditò una grande ricchezza, ma devolvette tutto in beneficenza e decise di ritirarsi sui monti dell'Himalaya per diventare eremita. A quei tempi Varanasi era regnata dal Re Brahmadatta. Una notte il Re, steso nel suo letto, venne turbato da degli strani rumori. All'inizio sentì il grido di una gru all'interno di un palazzo; poi, un corvo solitario gracchiò dalla porta della stalla dell'elefante; poco dopo, il ronzio di un grande insetto disturbò il Re, seguito dal verso di un cuculo. Anche un cervo domestico ed uno scimpanzé che vivevano a palazzo emisero dei versi di spavento. Il Re si allarmò per questi insoliti rumori nel bel mezzo della notte ed il giorno successivo consultò dei saggi, chiedendo loro se avessero delle spiegazioni per l'accaduto. «Mio Re, siete in grave pericolo; fareste bene ad offrire un sacrificio che scacci la rabbia degli dei.» Così i preti radunarono diversi animali e cominciarono i preparativi per un grande sacrificio.

Il Bodisat, che aveva viaggiato a lungo dall'Himalaya, in quei giorni si trovava in un giardino a Varanasi. Un allievo dei saggi, avendo pietà dei poveri animali destinati al sacrificio, di recò dal Bodisat per chiedergli se avesse una spiegazione per gli strani suoni che avevano allarmato il

Re. «I suoni erano del tutto naturali — rispose il Bodisat — non c'è nulla di cui aver paura.» L'allievo allora lo implorò di seguirlo a palazzo per dare la sua spiegazione al Re. L'eremita, però, rispose : «Come posso pretendere io, uno straniero, d'esser più saggio dei vostri preti ?» L'allievo raccontò comunque al Re della risposta che l'eremita gli aveva dato e Brahmadatta si recò personalmente al giardino per parlare con l'eremita.

«Mio Re — esclamò il Bodisat — non c'è nulla di strano nei rumori che avete sentito ; erano suoni naturali e non presagivano alcun pericolo per sua Maestà. La gru reclamava cibo, perché aveva fame e le sue scorte erano finite. Il corvo aveva da poco ultimato il suo nido all'entrata della stalla dell'elefante, aveva deposto le uova e le stava covando ; quando lo stalliere entrò nella stalla, però, colpì il corvo con il suo uncino, uccidendo i suoi piccoli. Il corvo stava semplicemente piangendo la perdita dei suoi piccoli.» Quando il Re sentì questa storia, fece immediatamente congedare lo stalliere dal suo incarico.

«Il cuculo imprigionato — continuò il Bodisat — piangeva la sua libertà nella foresta. Vi prego, mio Re, di liberarlo !» Così il Re liberò anche il cuculo.

«Il cervo — continuò il Bodisat — un tempo fu il signore del suo branco, e quando lo avete sentito stava sognando della sua vita tra le pianure e delle cerve che soleva avere al suo seguito.» In questo modo l'eremita spiegò chiaramente che tutti quegli strani rumori erano perfettamente innocui e naturali, assicurando al Re che non c'era alcun bisogno di temerli. Così Brahmadatta, persuaso dalla Verità delle parole del Bodisat fece proclamare al suono dei tamburi l'annullamento del sacrificio e ordinò di lasciare liberi tutti gli animali destinati al macello.

Il Bodisat dimostrò il suo amore per tutti gli esseri del creato e persuase gli uomini ad agire con pietà e compassione. Ci sono ancora moltissime storie come queste, che un giorno potrete leggere. Esse ci insegnano quanto la più alta delle virtù sia data dal sacrificio personale ; colui che dimentica Sé stesso, giungerà ben presto alla fine del suo viaggio attraverso il burrascoso fiume della Vita ed entrerà nel calmo oceano in cui non vi è neanche un alito di vento : l'oceano della Pace eterna.

Capitolo XII
I Parenti di Una Vita Intera

IL MESSAGGIO DEL Buddha, come quello della cristianità, era destinato a tutti, senza alcuna distinzione. Nessuno era escluso e membri provenienti da ogni casta induista entrarono a far parte dell'Ordine. Per questo spesso si poteva sentire di una regina (la moglie del Re Bimbisara) diventata monaca, o di una ballerina che aveva scambiato i suoi gai vestiti e le sue tintinnanti decorazioni con le vesti gialle della Sorellanza Buddhista. Tra i monaci si potevano trovare membri di famiglie reali e, addirittura, rinomato per la sua pietà e la sua conoscenza, tra loro figurava anche colui che un tempo fu barbiere del Re di Kapilavatthu.

I Bramini credevano che ogni uomo nato nella loro casta fosse superiore a qualunque altro uomo, ma il Buddha sosteneva che alcun merito si acquisisse alla nascita e che ogni valore derivasse soltanto dai propri sforzi durante la vita. Infatti, il nome Bramino, o Bramano, era utilizzato dal Buddha per indicare coloro che percorrono l'alto cammino della virtù e della saggezza. «Un uomo non diventa un Bramano per i suoi capelli intrecciati, per la sua famiglia o per diritto alla nascita; colui che possiede la verità e la rettitudine è benedetto ed è un Bramano.» O ancora egli diceva: «Chiamo Bramano colui la cui conoscenza è profonda e che possiede la saggezza, colui che conosce la strada giusta e quella sbagliata, ed ha raggiunto la vetta più alta.» i Si narra la storia di un giovane e fiero Bramino che venne in visita a Buddha, mentre egli predicava il valore della cortesia e delle buone maniere. Quel giorno il Benedetto si trovava in un campo nei pressi di Savatthi; alcuni dei suoi discepoli passeggiavano nel parco accanto al bosco quando scoprirono che un giovane e sapiente Bramino era in arrivo per fare appello al Maestro di cui aveva tanto sentito parlare. «Dove posso trovare il venerabile Gotama?» disse. «Quella laggiù è la sua dimora—rispose uno dei discepoli—avvicinatevi silenziosamente al portico, fate un colpetto di tosse e bussate; il Benedetto vi aprirà la sua porta.» il giovane Bramino fece quello che gli avevano detto e fu accolto nella dimora del Buddha. Era costume dell'epoca mostrare il proprio rispetto verso i più anziani rimanendo in piedi mentre loro rimanevano in piedi, sedendosi quando loro si sedevano o accomodandosi quando loro si accomodavano. Il Bramino però, a dispetto di ogni regola di buona educazione, in presenza del Buddha diede dimostrazione di una spropositata arroganza, vantandosi inoltre della sua discendenza.

«È questo il modo in cui ti rivolgi a chi è più grande di te?» disse il Buddha in tono di rimprovero.

«Certo che no» rispose il giovane uomo. «So come comportarmi quando converso con un Bramino, ma quando parlo con mendicanti, monaci inferiori o uomini neri, mi rivolgo come faccio con te.»

«Ma non sei alla ricerca di qualcosa?—domandò il Buddha—Pensa piuttosto al fine della tua visita.» aggiunse. «Questo giovane Bramino è certamente maleducato, ma non è colpa sua; è piuttosto colpa del suo maestro, che non ha saputo insegnargli le buone maniere.»

Il giovane Bramino non sopportò d'esser definito maleducato e diede sfogo alla sua rabbia chiamando il popolo del Sakya «gente gretta e dall'offesa facile.» «Gli uomini sono divisi in quattro ranghi—continuò—i Bramini, i nobili, i commercianti e la gente comune; di questi, gli ultimi tre sono subordinati ai Bramini.»

Il Buddha redarguì il giovane uomo per la sua superbia, dimostrandogli che gli abitanti del Sakya potevano vantare una discendenza prestigiosa quanto la sua. «Ma essi percorrono l'alta via della saggezza e della rettitudine—disse Buddha—e non s'interessano a questioni quali il diritto alla nascita o la vanità del comparare la posizione di un uomo rispetto a quella di un altro.» In questo modo egli continuò il suo discorso circa la bellezza della vita perfetta; il giovane Bramino, che aveva dimostrato cotanta arroganza e supremazia, riconobbe allora che quel Maestro era un autentico Buddha, uno di quei rarissimi grandi portatori di salvezza sulla terra.

È interessante constatare in quanti scelsero di seguire il Buddha lungo il suo percorso di rigore e sacrificio, nonostante nessuna ricompensa o nessuna promessa fosse stata offerta per convincerli. Proprio per questo, quando il Buddha seppe che uno dei suoi discepoli aveva compiuto un miracolo, l'uso di poteri miracolosi fu immediatamente proibito, in quanto non era questo a cui la sua Dottrina mirava. Ebbene, seppure i miracoli non fossero previsti tra gli insegnamenti del Buddha, è naturale che molti dei suoi seguaci vedessero le sue gesta come circondate da un'aura di gloria divina. Proprio per questo, a quel tempo, molte bellissime leggende entrarono a far parte del credo della gente. Una di esse narra dell'ascesa del Buddha verso il paradiso per predicare la sua dottrina a sua madre, defunta sette giorni dopo la sua nascita. Per tre mesi i discepoli non riuscirono a trovare il loro Maestro; lo cercarono in lungo e in largo, ma nessuno riuscì a capire dove si fosse cacciato; la leggenda, quindi, racconta di Gotama asceso sino alla casa delle anime pie per raccontare a sua madre, che aveva lasciato la terra molto prima che lui cominciasse a predicare, della sua scoperta della Verità. I buddisti immaginano il paradiso come un luogo di rinascita, in cui i virtuosi vivono tempi di beatitudine; tale tempo però è destinato a finire, in quanto le glorie del cielo, così come quelle della terra, svaniscono e passano; nulla, se non la Pace del Nirvana, è destinato a restare. Con tutta la bellezza e la vivacità dell'immaginazione orientale, i discepoli raffigurarono il loro Maestro nella dimora delle anime pie. Seduto su un trono lucente nel mezzo del campo celeste, egli insegnava a sua madre le infinite Verità della sua Dottrina, mentre miriadi di angeli e spiriti accorrevano per ascoltare il suo messaggio di salvezza. Quando il Buddha ridiscese in terra, la leggenda racconta che egli percorse una scala ornata di scintillanti pietre preziose, luminosa quanto un arcobaleno splendente.

In seguito, i discepoli furono entusiasti di aver con loro il loro Maestro ancora una volta, e lo seguirono fino a Savatthi per predicare e accogliere nuovi seguaci nel Giardino di Jeta. Il Buddha, un giorno, viaggiava attraverso le terre arate attorno a Rajagaha, nel periodo del raccolto. Tutti i contadini erano indaffarati nel lavoro dei campi e, senz'alcuna pigrizia, anche le donne aiutavano i loro mariti. Accanto al villaggio in cui il Buddha soggiornava, si trovava una grande fattoria appartenente

Gautama e il leader dei ladri
(Sidney Stanley)

ad un ricco Bramino. Un mattino, di buon'ora, il Buddha prese la sua carità ciotola dell'elemosina e si recò là dove veniva distribuito il cibo per i lavoratori. Il fattore, scorgendo il monaco in attesa di un po' di cibo, lo guardò con disprezzo, e con violenza gli disse : « Io ho arato i miei campi, sparso i semi e raccolto i chicchi ; grazie alla mia fatica, ho guadagnato il mio pane. Ma voi, Gotama, non avete né arato, né seminato ; non avete fatto nulla per meritarvi il vostro pane.»

« Anch'io ho arato e seminato, Bramino — rispose Buddha — dunque anch'io ho guadagnato il mio pane.»

« Se è vero — disse il Bramino — dov'è allora il vostro aratro ? Dove sono le briglie e il bestiame ?» Così il Buddha pronunciò una parabola : « Il seme che ho piantato è la Fede, la pioggia che innaffia il seme è il Pentimento, la Saggezza è la mia briglia e il mio bestiame che tira l'aratro è la Diligenza ; con la Verità estirpo l'erbaccia del peccato e dell'ignoranza ; il mio raccolto è il Frutto dell'Immortalità.»

Quando il Buddha tornò a far visita alla sua casa per la prima volta dopo l'Illuminazione, suo figlio Rahula, ancora bambino, fu accolto nella Fratellanza per essere educato come un monaco. Non sappiamo molto sul conto di Rahula fino a quando, all'età di vent'anni, fu ufficialmente investito nel Monastero di Jeta. In quell'occasione il Buddha pronunciò per suo figlio un discorso ricordato come il « sermone di Rahula ».

Il Buddha condusse sempre una vita di fatiche e difficoltà e, quando intorno all'età di cinquant'anni le forze iniziarono a venirgli meno, i suoi discepoli vollero trovare tra loro un compagno che rimanesse sempre al suo fianco. La scelta ricadde sul cugino di Gotama, Ananda. Tempo addietro, quando Ananda era un ragazzo, un saggio predisse ch'egli sarebbe stato servo del Buddha. Il padre di Ananda, che non desiderava affatto che suo figlio diventasse monaco, fece tutto il possibile per tenere suo figlio alla larga dal cugino. Tutti i suoi sforzi però, come avrete letto nei capitoli precedenti, furono inutili : Ananda si convertì ed entrò nell'Ordine. Da quel momento diventò intimo amico del Buddha e, non appena fu nominato suo assistente, si occupò di lui con la più tenera cura e non lo lasciò mai fino all'ora della sua morte. Era compito di Ananda portare al Buddha la sua scodella, stendere il suo tappetino all'ombra di un albero quando si stancava o aveva bisogno di riposare e portargli l'acqua quando aveva sete. Dal canto suo il Maestro amava l'animo benevolo e gentile di Ananda; molte delle loro conversazioni furono messe per iscritto. Ananda non è ricordato per essere più valoroso o intelligente degli altri discepoli di Buddha, ma piuttosto per le sue eccelse qualità umane. La sua devozione non conobbe limite e, più di una volta, si schierò con Buddha in occasioni in cui molti discepoli lo abbandonarono.

Possiamo immaginare la devozione che provavano nei loro cuori i seguaci del Buddha! Ciò accadeva perché il suo amore e la sua compassione erano rivolte a tutta l'umanità e a tutte le creature del mondo. Il suo amore per gli animali è ricordato in molti aneddoti. Nella nostra società, abbiamo la tendenza a sentirci fieri della protezione che garantiamo agli animali contro la crudeltà dell'uomo, e consideriamo la nostra umanità come l'espressione di un senso di civiltà superiore e progredita. In realtà, già 2400 anni fa il Buddha aveva pronunciato queste parole: «Coloro in cui non c'è compassione per gli esseri viventi dovranno sapere che saranno loro stessi ad esser considerati inferiori»; egli infatti esigeva che ogni suo seguace fosse gentile con tutte le creature, «Che esse fossero le più forti o che esse tremassero al cospetto del mondo», deboli o indifese che fossero. Nessuna creatura — neanche un insetto al ciglio della strada — era indegna della tenerezza e della cura del Buddha. È mai stata predicata una carità più universale di questa al genere umano?

Una volta, Gotama era in viaggio attraverso la terra di Magadha quando s'imbatté in un cervo che si dibatteva per liberarsi da una trappola. Gotama sciolse il povero animale dalle reti che lo costringevano e lo lasciò in libertà. In seguito, sedendosi ai piedi di un albero, egli rimase assorto nella profondità dei suoi pensieri tanto da non notare che, con un arco in mano, un uomo si avvicinava furtivamente a lui. Il cacciatore infuriato, determinato a vendicarsi dell'uomo che l'aveva privato della sua preda, avanzava verso Gotama con l'intento di ucciderlo. Prese la mira e cercò di scoccare la sua freccia, ma una sorta di potere glielo impedì. Il suo proposito venne meno, così mise da parte l'arco e si avvicinò al punto in cui il Buddha sedeva.

Nessuno poteva avvicinarsi al Gran Maestro senza avvertire l'influenza della sua nobile natura; non ci volle molto prima che la rabbia del cacciatore svanisse e che l'attenzione dell'uomo si rivolgesse solo ed unicamente alle parole del Buddha. A quel punto egli andò a chiamare anche sua moglie e suo figlio, affinché ascoltassero anche loro quelle parole di saggezza. Al termine della caccia, ogni membro della sua famiglia si convertì, dichiarandosi credente della dottrina del Buddha.

Quella del sacrificio era una pratica molto diffusa tra i Bramini e i preti induisti; essi lo ritenevano necessario per compiacere gli dei, convinti che lo spargimento di sangue fosse l'unico modo per farlo. Ci fu un Bramino che preparò un grande sacrificio in onore di uno degli antichi dei induisti. Interi greggi di capre e pecore furono riuniti, pronti ad essere sacrificati nel giorno prestabilito. In quel periodo Buddha fece visita a tale Bramino e, quando i due sedettero insieme discutendo di moltissime questioni, il Buddha gli parlò della sacralità della vita di ogni uomo o animale; parlò dell'importanza della purezza del cuore e dei gesti di ben più alto valore del sacrificio che prevedeva spargimenti di sangue. Perché nulla più che gli sforzi personali determinano il valore di un uomo: la sofferenza inflitta a creature innocente non redimerà l'uomo dai suoi peccati. Sentite le parole del Buddha, il Bramino sprofondò nella sua stessa anima; fu rinnovato da quella verità e dichiarò di credervi. Ormai determinato a risparmiare le vite degli animali innocenti destinati al sacrificio, il Bramino ordinò che fossero lasciati liberi. Così, scampando al sacrificio, le creature poterono tornare al pascolo tra le colline, in cui potevano brucare su prati o abbeverarsi delle acque cristalline dei ruscelli di montagna e respirare la fresca brezza di quelle alture.

Oltre ad insegnare ai suoi discepoli l'attenzione e l'amore per tutti gli esseri del creato, Buddha professò loro anche l'importanza di amare e perdonare i propri nemici e «Dominare la rabbia mantenendo la calma; dominare il male grazie al bene; dominare l'avarizia grazie alla generosità; dominare la falsità grazie alla verità.» Egli paragonò l'uomo che domina la sua rabbia come farebbe con un cavallo imbizzarrito a un «Abile condottiero», mentre «La rozza folla regge solo le briglie.» Ci sono persone che si compiacciono del proprio temperamento avventato, credendo che la rabbia sia sintomo di forza d'animo. Il Buddha, a tal proposito, considerava la perdita di controllo di sé come un'umiliante debolezza. « Non c'è nulla di meglio che dominare la propria collera » disse. « Lo stolto che, con la sua rabbia, pensa di prevalere con un linguaggio spiacevole, sarà sempre sconfitto da colui che utilizzerà parole pazienti. » Bisogna ricordare le nobili parole con cui Gotama prevalse sull'ira di un celebre ladro.

Viaggiando in Kosala, Buddha fu messo in guardia dal pericolo di attraversare una particolare foresta in quanto, nei meandri della vegetazione, si trovava il covo di un famosissimo ladro della zona. Angulimala, il ladro, terrorizzava le intere campagne lì intorno, derubando e assassinando i viaggiatori di passaggio ignari della sua minaccia. L'uomo non temeva nessuno e anche il Re era al corrente della sua reputazione d'assassino. Ogni tentativo di catturare quello sconsiderato fu vano, in quanto era impossibile scovarlo nella giungla intricata in cui si nascondeva. Così continuava impunito i suoi crimini.

La gente del Kosala implorò il Buddha di non esporsi al pericolo, attraversando il territorio di quel ladro. Gotama, però, non aveva timori: nessuna bestia o nessun uomo gli incuteva terrore. Così, non curante degli avvertimenti della gente, si avventurò dritto verso il nascondiglio del criminale. Angulimala, indispettito da tale spavalderia fu determinato ad eliminare l'intruso. Quando però vide il Buddha, calmo e composto, e ascoltò le sue parole gentili, egli esitò; il suo braccio, pronto ad uccidere, era ora privo di forze, la sua collera si spense come le ceneri di un fuoco estinto. Quando il Buddha parlò con lui, egli cambiò attitudine e, poco dopo, confessò i suoi peccati e dichiarò la sua fede alla Dottrina. Quando la gente seppe di quel nuovo discepolo del Maestro, rimase sgomenta e stentò a credere che si trattasse dello stesso uomo che aveva terrorizzato le loro terre per così tanti anni. Angulimala diventò un monaco e fu ricordato per la sua santità. Morì non molto dopo la sua conversione.

Nonostante fossero in molti ad essere persuasi dalla gentilezza del Buddha e dalla saggezza delle sue parole, molti altri, addirittura tra i suoi parenti, si opposero energicamente a Gotama. Il padre di Yasodhara non lo perdonò mai per aver abbandonato sua figlia. L'uomo, infatti, non poteva sopportare il pensiero che Yasodhara vivesse una vita in povertà, vestita delle sue gialli vesti da monaca, invece di essere una regina. Una volta, durante una visita del Buddha alla sua città natale, il vecchio Raja si precipitò ad incontrarlo e lo maledisse davanti al popolo. Il più acerrimo nemico del Buddha, però, fu sempre Devadatta. Durante la gioventù, aveva covato sentimenti d'invidia e disprezzo nei confronti di suo cugino Siddhattha. Vi ricorderete della loro divergenza circa l'oca ferita che Siddhattha aveva salvato. Col passar del tempo il disprezzo di Devadatta crebbe, trasformandosi in odio, e la sua natura competitiva non poté sopportare che qualcuno lo superasse; così non perse occasione per cercare di colpire Gotama. Addirittura egli tentò di far vacillare la lealtà di Ananda nei confronti del Maestro, ma il discepolo rifiutò di ascoltarlo. In quanto credente e membro dell'Ordine, Devadatta fece tutto quel che era in suo potere per seminare discordie tra i fratelli, riuscendo perfino a far sì che circa cinquecento monaci abbandonassero Gotama per seguire invece i suoi insegnamenti.

Essendo in buoni rapporti col Re Bimbisara, Devadatta si stabilì a Rajagaha insieme ai suoi discepoli. Devadatta, che praticava l'arte della magia, persuase il giovane Principe a credere che avrebbe potuto compiere ogni sorta di prodigiosi miracoli, e in questo modo egli poté esercitare una certa influenza nei confronti del futuro sovrano. Convinse il Principe a costruirgli un monastero e a provvedere il sostentamento dei suoi monaci. Ogni giorno il Principe inviava carri zeppi di cinquecento scodelle di cibo scelto per quei monaci sleali. Per tutto il tempo, Devadatta tramò nel suo cuore di usurpare il Buddha del suo titolo per imporsi a capo della Chiesa. «Gotama sta invecchiando — disse — l'età gli impedisce di predicare assiduamente e di curare i suoi rapporti con la Fratellanza. Perché non dovrebbe lasciarmi prendere le redini? Nel contempo lui potrebbe riposarsi dopo tanta fatica e vivere comodamente.» Continuando a dichiararsi un seguace del Buddha, Devadatta chiese il permesso di fondare un nuovo ordine di monaci ma, quando il permesso fu negato, decise improvvisamente di abbandonare il buddismo e di dare inizio ad una nuova religione. In ogni caso, egli non visse così a lungo da poter realizzare i suoi piani. Una leggenda racconta che la terra si aprì ed inghiottì Devadatta per punirlo delle sue malefatte.—Vedremo nel prossimo capitolo quali furono i frutti della sua amicizia con Ajatasattu, il figlio del Re Bimbisara.

Capitolo XIII
La Notte del Giglio Bianco

BIMBISARA, RE DI Magadha, fu uno dei primi convertiti alla fede buddista, e continuò, fino alla fine dei suoi giorni, ad amare e venerare Buddha. Questo re aveva un figlio, che si chiamava Ajatasattu, o Il Nemico. Come mai fu attribuito un nome del genere al figlio del re? Lo capirete man mano che andrò avanti con la storia.

A Nord del Gange, non lontano dall'attuale città di Patna, un tempo si ergeva la famosa città di Vesali. Com'era bella questa città, con i suoi maestosi templi e palazzi, i suoi giardini e i suoi fitti boschi, tanto da sembrare quasi un paradiso terrestre. I tetti dorati e argentati brillavano al sole, e le strade erano spesso decorate in modo festoso per celebrare i numerosi festeggiamenti che avevano luogo all'interno delle sue mura. Vesali era divisa in tre distretti separati: nel primo c'erano settemila case con torri dorate; nel secondo, quattordicimila case con torri argentate; e nel terzo, ventunmila case con torri di rame. In questi tre distretti vivevano le persone di alto, medio e basso rango, a seconda del loro ceto sociale. Vesali non era governata da un re; era conosciuta come Città Libera, e come molti piccoli stati dell'India, aveva una sorta di repubblica, in cui il magistrato della città veniva eletto dai cittadini.

Ci fu, una volta, un magistrato della città di Vesali che aveva due figlie. Un saggio, che era stato chiamato a predire il futuro, profetizzò che, mentre la più piccola avrebbe avuto un figlio virtuoso e coraggioso, Vassavi, la più grande, avrebbe dato alla luce un figlio che avrebbe ucciso il padre e ne avrebbe usurpato il trono. Vassavi diventò adulta e bellissima, ed era tanto buona quanto bella. Accadde che Bimbisara, re di Magadha, si recò a Vesali, e vedendo la bella Vassavi, se ne innamorò e la sposò. A tempo dovuto, partorì un figlio, e a quanto diceva la profezia, fu chiamato Ajatasattu, il Nemico.

Mano a mano che il principe cresceva, rivelò un carattere ribelle e spiacevole. Non era prudente nelle scelte delle sue compagnie, e abbiamo già visto come cadde sotto l'influenza di Devatta. Il re era molto turbato dall'intima amicizia del figlio con quell'uomo malvagio, che era nemico di Buddha, tuttavia Ajatasattu non volle ascoltare gli avvertimenti del padre.

Cosi Devadatta inculcò pensieri cattivi nella mente del giovane principe, il quale maturò l'ambizione di possedere il regno del padre e, in una occasione, attentò addirittura alla sua vita. Bimbisara era generoso di natura e, non solo perdonò il figlio, ma gli cedette una parte del suo regno, pensando che il carattere del principe potesse migliorare se avesse avuto più responsabilità e interesse per bene del popolo. Tuttavia Ajatasattu oppresse e tiranneggiò la popolazione durante il suo regno, facendo in modo che il popolo si andasse a lamentare con il re. Bambisara era molto addolorato del comportamento del figlio di Iris, tuttavia pensando che Ajatasattu avrebbe fatto meglio se avesse avuto un regno più grande e più doveri di cui occuparsi, gli lasciò l'intero regno, ad eccezione della capitale, Rajagaha. Ajatassatu, comunque, non era del tutto soddisfatto, e agendo sotto il consiglio di Devadatta, pretese che il padre gli lasciasse la capitale e tutte le sue ricchezze. Il vecchio re, provato dal dolore, gli diede tutto ciò che possedeva, ma allo stesso tempo lo mise in guardia verso la cattiva influenza di Devadatta, e lo supplicò di brutta abbandonare quel cattivo compagno. A quelle parole, Ajatassatu s'infuriò, prese il re e lo fece rinchiudere in prigione, per lasciarlo morire di fame. È triste pensare a Bimbisara, che fino a quel momento era stato un re saggio e un padre affettuoso, ora rinchiuso nelle carceri della sua capitale. Nessuno poteva andare a trovarlo, tranne la regina, la quale per qualche tempo portare riuscì a recarsi dal marito ogni giorno portandogli del cibo. Ma quando fu scoperta, a Vassavi fu proibito, pena la morte, di portare qualsiasi cosa in prigione. Tuttavia, riuscì furtivamente a portare al re dell'acqua, che nascondeva nelle cavità delle cavigliere; gli portava anche delle briciole di cibo che metteva nei suoi indumenti, facendo così riuscì a tenere il re in vita. Dopo qualche tempo, la regina fu scoperta e le venne proibito di recarsi in prigione.

Sulla parete della prigione, c'era una piccola finestra che guardava in direzione del Picco del Vulture. Il Buddha spesso stava su quella collina insieme ai suoi discepoli, e mentre il re guardava attraverso la minuscola finestra, poteva vedere a volte il suo amato Maestro. Vedere il Beato, riempiva il re di una gioia immensa che lo aiutava a sopravvivere. Tuttavia al povero prigioniero non fu permessa neanche quest'ultima consolazione, e quando Ajatasattu sentì tutto ciò, ordinò che la finestra venisse murata.

Accadde che il figlio piccolo di Ajatasattu dita sentisse dolore a tutte le dita, quindi andò da suo padre piangendo, il quale lo prese in braccio e lo baciò. La regina Vassavi pianse nel vedere quella scena, perché ripensava a quando suo figlio era un bambino innocente. « Ah, proprio come faceva tuo padre con te!», urlò. E disse al principe di come suo padre lo baciava e lo coccolava in qualsiasi occasione. Sentendo tutto ciò, Ajatasattu improvvisamente si rese conto della malvagità della sua condotta. Con un senso di rimorso, padre fece liberare il padre dalla prigionia. Ma era troppo tardi, il re era morto. Così si avverò la profezia che il figlio di Vassavi avrebbe preso il regno di suo padre e lo avrebbe ucciso.

Così Ajatasattu fu incoronato re di Magadha, e visse in grande splendore nel suo palazzo a Rajagaha. Sebbene fosse stretto dai rimorsi per il comportamento avuto nei confronti del padre, proseguì la sua amicizia con Devadatta, e continuò a seguire i suoi consigli con assiduità. Questo monaco sleale, spesso complottava contro il Buddha, e quando questi giunse a Rajagaha, Devadatta attentati cercò persino di ucciderlo. C'era un uomo, originario del sud dell'India, molto esperto nelle arti della meccanica, e Devadatta gli chiese di costruire una sorta di catapulta dalla quale si potessero lanciare massi molto pesanti. Questa macchina fu assemblata in un'area sovrastante la dimora di Gotama, e alcuni uomini furono assunti per metterla in funzione, e fu loro promessa una generosa ricompensa se fossero riusciti a lapidare Buddha portartandolo alla morte. Questi aspettarono fino a quando non ci fosse stata la buona occasione, ma quando fu il momento, i sicari si rifiutarono di agire. Invasi dal rimorso andarono dal Buddha, e inginocchiandosi davanti a lui, gli confessarono le loro malvage intenzioni. In breve tempo si convertirono.

Il Buddha e l'elefante selvaggio
(Gilbert James)

Quando Devadatta scoprì cos'era successo, decise di agire da solo. Così lancio un grande sasso che colpì il Buddha sul piede infliggendogli una grave ferita. I discepoli, sgomenti nel vedere il loro Maestro ferito, e con la paura che potesse morire dissanguato, corsero a chiamare Jivaka, che era medico e fratellastro del re Ajatasattu. Jivaka bendò il piede del Buddha con un raro unguento estratto dal legno di sandalo, ma passò molto tempo prima che la ferita guarisse.

Devadatta, ancora determinato a portare avanti il suo malvagio proposito, progettò un nuovo piano per eliminare Gotama. Nei palazzi del re c'era un elefante dall'indole selvaggia; moltissime persone erano state attaccate e ferite dalla bestia feroce tanto che era stata fatta una petizione, la quale era stata inviata al re, dove lo si implorava di suonare una campana di avvertimento ogni qualvolta l'elefante veniva portato in strada. La petizione fu accolta, e ogni volta che si sentiva la campana, la gente correva al riparo più vicino. Un giorno Devadatta, sapendo che il Buddha era stato invitato a casa di un mercante a Rajagaha, andò dal custode dell'elefante, e gli promise una collana dal valore di cento mila monete se avesse lasciato l'elefante libero quando il Buddha si trovava nelle vicinanze. Devadatta, con la scusa di avere l'autorizzazione del re per questo piano subdolo, persuase il custode a portare avanti il piano. Il Buddha, anche se era stato avvertito del pericolo, andò tranquillamente in città, e accompagnato da molti suoi discepoli, camminava per la strada, quando la campanella suonò e l'elefante venne lasciato libero. L'elefante si scagliò sulla folla con una furia smisurata, e tutti i discepoli fuggirono terrorizzati, tranne Ananda, che rimase vicino al Maestro. Tuttavia Gotama disse parole rassicuranti alla bestia selvaggia, che si ammansì al suono della sua voce, e domata completamente, seguì il Buddha come un cane fino a destinazione. Si conoscono anche altri aneddoti che riguardano la capacità del Buddha di rendere docili anche le bestie feroci. L'addomesticamento dell'elefante è una scena che troviamo incisa nei bassorilievi decorativi di moltissimi monumenti indiani.

Non molto tempo dopo l'accaduto, molti dei monaci che seguivano Devadatta si pentirono, e confessando i loro peccati, tornarono dal Buddha, il quale li accolse di nuovo nell'Ordine senza una parola di rancore. Forse il re Ajatasattu cominciava a non fidarsi più dell'amico Devadatta, e per questo andò a far visita al Buddha, il quale dimorava in una coltivazione di mango che apparteneva a Jivaka il medico.

Era la notte della luna piena di ottobre, la notte sacra del Giglio Bianco. La luna era piena come il sole, e si muoveva leggiadra nel cielo come una palla di liquido incandescente, e la terra, illuminata dal suo bagliore, sembrava che fosse cosparsa da gioielli di Paradiso. Ajatasattu, colpito dalla bellezza di quella notte di ottobre, uscì con i suoi seguaci e andò sulla terrazza del palazzo, ad ammirare la radiosità della luna. « Che magnifica notte », esclamò il re, « com'è bella e pacifica questa notte di luna splendente! Come possiamo celebrare notte questo momento ? ». « Sire, Voi potete avere ciò che il Vostro cuore desidera! Ci lasci ornare la città con fiori, e facciamo una festa, e lasciate che vostra Maestà gioisca », esclamò uno. Un altro suggerì di fare una visita a delle tribù vicine, in maniera tale che quella notte potesse essere celebrata come una vittoria. Alcuni degli altri sudditi proposero di far visita a uno o ad un altro saggio che viveva lì vicino. Ma il re non disse una parola. Poi si girò verso Jivaka il medico. « Tu non hai detto niente Jivaka », disse. « Sire, il Buddha risiede in una piantagione di mango, è al di sopra di tutti gli uomini saggi, un maestro, una guida per l'umanità. Perchè Sua Maestà vederlo non va ad incontrarlo, lasciate che possa portare pace nel Vostro cuore », replicò Jivaka.

Forse per la bellezza della luna piena, il re si ammorbidì nei confronti del Buddha, e disse: « Forza, preparate gli elefanti e faremo visita al Benedetto ». Allora l'elefante di stato, dalle poderose zanne, decorato con ornamenti ricoperti di oro e pietre preziose venne portato fuori dal palazzo. Gli assistenti che portavano torce scintillanti circondarono il re, e le cinquecento dame di corte montavano ciascuna su un elefante. Nel bagliore Argentato di quella notte orientale la processione regale avanzava verso la piantagione di mango di Jivaka il dottore. Non si sentiva però nessun rumore provenire dal nutrito gruppo di discepoli che si trovava col Buddha, e per un momento Ajatasattu ebbe paura di essere caduto in una trappola. Preoccupato si voltò verso Jivaka. « Non mi state ingannando e consegnando ai nemici ? » chiese. « Come mai non sento nessun rumore, uno starnuto o un colpo di tosse da parte di questa grande comunità?». «Non abbiate paura Sire. Non Vi sto ingannando; guardate, c'è un lampada accesa nel grande atrio», replicò Jivaka. Il re scese dall'elefante ed entrò nel monastero a piedi; vedendo una moltitudine di persone , in un primo momento no riuscì a distinguere il Buddha, e chiese a Jivaka di indicarglielo. «Il Benedetto, Sire, è quello appoggiato alla colonna centrale, con il viso rivolto verso Est, seduto tra i suoi discepoli come in mezzo ad un lago calmo e tranquillo». E invece il re deve aver avvertito il disegno perfetto di quella scena, ed esclamò: «Vorrei che mio figlio potesse godere di questa pace che adesso sto respirando in questa assemblea!».

In seguito Ajatasattu si inchinò con reverenza al Buddha, e gli chiese il permesso di fargli delle domande su diverse materie e argomenti di cui era dubbioso. «Chiedi, o re, qualsiasi cosa tu voglia», disse il Benedetto.

«Sono molte le professioni fanno degli uomini, come ad esempio i custodi degli elefanti, i fantini, i tiratori d'arco, gli spadaccini, i cocchieri, i tessitori, i cuochi, i lavandai, gli intrecciatori, i barbieri, i commessi e molti altri. Le persone che fanno questi mestieri hanno il loro guadagno, per vivere e soddisfare i bisogni della loro famiglia. Mi chiedo, c'è un guadagno per coloro che diventano monaci, che rinunciano a casa e famiglia, benessere, e a tutti i piaceri della vita?», continuò il re. Disse che aveva posto le stesse domande a molti filosofi e Indù e Bramini, ma nessuno di essi era stato in grado di dargli una risposta soddisfacente.

«Vi farò una domanda», disse il Buddha. «Supponiamo che uno dei vostri servi debba rinunciare al mondo, rasare i propri capelli e barba, mettere un vestito giallo e vivere in solitudine, contento del minimo indispensabile della vita, come lo trattereste? Lo forzereste a tornare ai suoi doveri?». «No», rispose il re, «lo tratteremmo con reverenza, ci alzeremmo in sua presenza e lo inviteremmo a sedersi, gli prepareremmo un posto confortevole, gli daremmo del cibo, vestiti, medicine, e tutto quello di cui possa avere bisogno».

«Quindi», disse il Buddha, «non avete notato che c'è in questo mondo una ricompensa per colui che conduce una vita semplice?». Il re concordò. «Questa non è che la prima ricompensa», il Buddha spiegò, e fece vedere che ci sono altre ricompense anche maggiori per colui che si libera del peso di passioni e legami terreni. Libero come l'aria è colui che ha smesso di preoccuparsi del benessere e di tutte le cose di cui gli uomini si preoccupano. Libero dalle ossessioni, come un uccello che va in qualsiasi posto vuole grazie alle sue ali, e che non ha bisogno di nulla tranne del minimo indispensabile da mangiare per sopravvivere, e qualche vestito per coprirsi. La sua casa è qualsiasi luogo tranquillo : una collina, un bosco sicuro, o una vallata in montagna. È in questo modo che il monaco trova soddisfazione. Avendo preparato il suo corpo alla virtù, vive in pace con tutti gli uomini, gentile e comprensivo con qualsiasi essere vivente. Come un re che ha sconfitto tutti i suoi nemici, ha superato le sue emozioni, allontanando rabbia, disprezzo, indolenza e tutti i mali. Con la mente concentrata sulle sole cose che vale la pena possedere, raggiunge la calma e la serenità. La felicità che aumenta in lui invade tutto il suo corpo, come le sorgenti che sgorgano dalla profondità della terra e riempiono un laghetto profondo di acqua chiara e pulita, senza che alcun ruscello vi si getti, né che cada la pioggia ».

Così il Buddha convinse il re che c'è una ricompensa anche per colui che ha deciso di non vivere una vita confortevole. Il cuore del re fu toccato dalle parole profonde del Buddha. « Il Benedetto ha parlato in maniera lodevole ! » esclamò, « come un uomo che accende una torcia nell'oscurità rendendo visibile tutto ciò che è nascosto ; così mi hai mostrato la Verità, o Benedetto ! D'ora in avanti deporrò la mia fede nel Buddha, nella Dottrina e nella Fratellanza. Sono caduto nel peccato, O mio Signore, ho peccato gravemente nell'uccidere mio padre, che era una persona buona e giusta. Possa il Benedetto accettare la mia confessione ! ». « Sicuramente avete peccato, Sire, », replicò il Buddha, « tuttavia, dato che avete riconosciuto i Vostri peccati, accettiamo la Vostra confessione. Colui che accetta e vede i propri peccati, imparerà in fretta ad auto controllarsi ».

La notte fu lunga e la luna scomparve all'orizzonte quando il re ritorno prese congedo e partì. Una volta che il Re fu partito, il Buddha parlò ai suoi discepoli. Il re, disse loro, è stato toccato profondamente, e se non avesse portato un grave peccato sulla coscienza si sarebbe convertito.

Ma gli occhi dell'anima quando sono resi ciechi dal peccato, non sono in grado di vedere la Verità.

Capitolo XIV
L'Ultimo Viaggio del Buddha

ERANO PASSATI MOLTI anni da quando il Buddha aveva cominciato il suo ministero. Adesso era vecchio e malato, ma continuava a viaggiare di villaggio in villaggio, insegnando alle persone e comprendendo nel profondo le loro sofferenze. Quando arrivava la stagione delle piogge si ritirava in uno o in un altro dei monasteri giardino, dove i discepoli si facevano attorno al loro Maestro per avere consigli e imparare cose nuove. Uno dei luoghi preferiti di Gotama era il giardino di Jeta vicino Savatthi, e qui passò la quarantaquattresima Quaresima dalla sua Illuminazione. Questa fu l'ultima stagione che il Buddha passò in quel piacevole ritiro. Da Savatthi viaggiò verso Rajagaha, un viaggio lungo e stancante, e trovò dimora presso una collina chiamata Picco del Vulture.

Re Ajatasattu stava per dichiarare guerra ai Vajjians, le tribù che abitavano a nord del Gange, dove si ergeva la famosa città di Vesali. Dubbioso che potesse avere successo, il re era determinato nel chiedere consiglio al Buddha, così mandò il Primo Ministro al Picco del Vulture. Il Primo Ministro salutò il Buddha e gli chiese notizie sul suo stato di salute, poi gli riportó il messaggio del re. «Il re vuole attaccare i Vajjians; riuscirà a sconfiggere i nemici e distruggerli totalmente?», disse il primo ministro. Il Buddha replicò che fino a quando i Vajjians fossero stati uniti uniti tra di loro, fedeli alle loro tradizioni e ia percetti che una volta il re aveva preparato per loro, — fino a quando avessero onorato i loro antenati e i loro saggi, e portato rispetto ai loro santuari, un invasore non avrebbe avuto alcuna speranza di sconfiggerli.

Quando il primo ministro lasciò la dimora, il Buddha convocò tutti i fratelli e parlò loro dell'importanza dell'unità e della buona condotta. Disse loro che fino a quando fossero rimasti insieme e in perfetta armonia, avessero rispettato i loro antenati e obbedito alle regole dell'Ordine, non aggiungendo e togliendo nulla a quello che era stato creato, fino

a quando fossero rimasti sulla retta vita, mantenendosi puri dai peccati del mondo, ed evitando pettegolezzi, la religione del Buddha non
sarebbe morta ma sarebbe diventata più prospera.

Dopo una breve permanenza sul Picco del Vulture, Gotama, lasciò
Rajagaha accompagnato da una gran parte di discepoli e viaggiò verso
nord, visitando molti villaggi che si trovavano sul suo cammino. Quando
arrivò sul fiume Gange, lo attraversò in un punto dove re Ajatasattu
stava costruendo una grande fortezza per difendersi dai Vajjians. Negli
anni a venire questo sito sarebbe stato occupato da una grande città,
Pataliputta, la nuova capitale di Magadha. Oggi la città di Patna si trova
vicino il luogo dove il Buddha attraversò il Gange per l'ultima volta.

Avendo visitato Vesali il Buddha passò la seguente stagione delle piogge in un villaggio vicino. Qui fu colpito dalla malattia, e per qualche tempo fu sofferente e molto debole, ma sopportò l'infermità senza
lamentarsi. Ananda, che si prendeva cura di lui, era sopraffatto dal dolore, temendo che il sui Maestro sarebbe morto. Un giorno, quando il
Maestro stava un po' meglio, ed era seduto su un tappetino al di fuori
del monastero, Ananda si sedette accanto a lui e gli disse della tristezza
che aveva provato quando temeva di perderlo. « Il tuo Maestro », disse
il Buddha, « ha quattro raggiunto l'età di ottant'anni, il suo corpo è
piegato e sofferente, e proprio come un vecchio carro, che è legato con
le corde, riesce con difficoltà ad andare avanti, quindi è solo con cura
e dedizione che questo corpo continua a sopravvivere. Sono vecchio
Ananda, il mio viaggio è quasi alla fine, ma le sofferenze no, lascia che
la verità sia il tuo rifugio ».

Il Buddha, sapendo che la sua vita era quasi al termine, disse ad Ananda
di convocare tutti i discepoli che erano nelle vicinanze di Vesali. Quando
si incontrarono tutti, li incitò calorosamente a diffondere le verità della
pura religione, per il bene e la felictità dell'umanità. Quando la stagione
delle piogge finì, il Buddha si mise in viaggio per visitare i villaggi vicini,
e quando lasciò Vesali si voltò, e con lo sguardo fisso verso la citta, pensò
che quella era l'ultima volta che l'avrebbe vista. Passando di villaggio in
villaggio in direzione nord ovest, il Buddha arrivò in un luogo chiamato
Pava, dove si sistemó in un campo di mango appartenente a Chunda, una

La morte del Buddha
(Sidney Stanley)

persona che lavorava il metallo. Quando Chunda sentì che il Benedetto
stava nella sua piantagione di mango, invitò lui e i suoi discepoli ad andare a casa sua il giorno seguente. Al mattino presto Chunda preparò
tutto per la festa, e si assicurò che ci fossero dolci e riso e funghi. Così
si recò al frutteto e invitò i monaci a seguirlo perché il pasto era pronto.
Nella Terre d'Oriente era usanza da parte dei padroni di casa chiamare
tutti gli invitati quando era tutto pronto. Abbiamo letto nella Bibbia
del re che « inviò i suoi servi a chiamarli perchè erano invitati al matrimonio ». In quanto monaci buddisti mangiano solo un pasto al giorno,
che può essere consumato dall'alba al tramonto, e per far loro piacere
li invitò per pranzo. Il Buddha, dopo essersi vestito, prese la sua ciotola
e andò a casa di Chunda. Quando tutti furono serviti, Chunda prese
posto ai piedi del Maestro e ascoltò le sue parole.

Quello stesso giorno Gotama fu colpito da un malore; tuttavia, la sera
stessa, fu in grado di incamminarsi verso Kusinara, un piccolo villaggio
a sud di Pava. I suoi piedi erano esausti, e fu spesso obbligato a riposarsi lungo la strada, perché il viaggio della sua vita era quasi giunto al
termine. volta Durante una delle sue pause lungo il cammino, mentre si
stava riposando sotto un albero vicino ad un torrente, chiese ad Ananda
di andare a prendere dell'acqua, perché aveva sete. Ma Ananda, sapendo
che da lì erano passati cinquecento carri trainati da mucche, temeva
che l'acqua fosse sporca e fangosa. Il Buddha fece la sua richiesta una
seconda e una terza volta, così Ananda andò al ponte. Con suo stupore
l'acqua era fresca e cristallina. « Quanto è grande il potere del Maestro! »
esclamò, pensando che fosse stato fatto un miracolo. Riempì la ciotola
e la portò al Buddha, che la bevve e si sentì meglio. La sosta sucessiva
fatta ebbe luogo sulle sponde di un bellissimo fiume, il Buddha e i suoi
discepoli entrarono in acqua per rinfrescarsi. Durante il caldo della giornata, si riposarono in un boschetto di mango in una battigia più lontana.

Così a piccoli e dolorosi passi, il Buddha continuò il suo viaggio fino
a quando giunse a Kusinara, un piccolo villaggio costruito col fango nel
cuore della giungla. Nelle vicinanze c'era una piantagione di shorea, e
qui Ananda preparò un giaciglio per il suo Maestro. Tra due alberi ge-
melli di shorea, cosi chiamati perché avevano le stesse dimensioni, si

adagió per riposare, e i la fioritura ricadde su di lui come una doccia di boccioli, mentre il suono di una musica celestiale risuonava nel cielo in onore del Benedetto.

Mentre il Buddha era disteso tra le shoree, calmo e rilassato, parlò a lungo con Ananda sull'Ordine e le regole da seguire dai fratelli quando a breve non sarebbe stato più in vita. Alla fine del discorso, Ananda fu sopraffatto dal dolore. Vide che il suo Maestro stava morendo, e si allontanò in lacrime, il pensiero che il suo amato Maestro stava per lasciarlo era insopportabile. Il Buddha notò l'assenza di Ananda. « Dov'è Ananda ? » domandò, e mandò uno dei fratelli a chiamarlo. « Non affliggerti Ananda » disse il Buddha, mentre i discepoli si stavano sedendo attorno a lui, « deve essere cosi, il tempo di partire deve arrivare, prima o poi ; è nella natura di ogni cosa, chi nasce e deve anche morire. Come sarebbe altrimenti ? Per molto tempo sei stato al mio fianco, Ananda ; hai svolto benissimo atti di generosità amore senza mai cambiare. Non smettere di lottare, e anche tu molto presto troverai la Pace del Nirvana ». Poi il Buddha parlò a tutti i fratelli della gentilezza e la premura del cugino e anche delle sue buone qualità. In quel momento mandò Ananda in città a dire alle persone di Kusinara che il Buddha si trova nella piantagione di shoree, moribondo. I nobili di Kusinara furono radunati nella sala di consiglio, e Ananda disse loro che prima dell'alba il Benedetto sarebbe passato a miglior vita. Al sentire quelle parole non riuscirono a contenere il loro dolore, molti caddero per terra in lacrime, le donne si strapparono i capelli, gridando disperate, e tutti mostrarono il loro dolore, travolti dal pensiero che la Luce del Mondo sarebbe svanita. Durante il primo quarto della notte gli uomini di Kusinara, insieme alle loro famiglie, andarono a fare visita al Buddha, per fargli reverenza.

C'era un filosofo bramino chiamato Subhadda, che stava a Kusinara. Avendo dei dubbi sulla sua fede, desiderava fortemente parlare al Buddha, e si recò al boschetto di shorea con questo proposito. Ma Ananda non voleva che il suo Maestro venisse disturbato. « Non lo infastidite », disse, « è esausto ». Gotama, sentendo delle voci, chiese chi ci fosse, e fece avvicinare il bramino. Cosi Subhadda andò dal Buddha, e avendolo salutato cortesemente, lo interrogò sulle dottrine dei grandi filosofi indù, chiedendogli chi di loro aveva compreso la Verità. Ma il grande Maestro lo invitò a lasciar perdere questi discorsi fatti; la vera religione deve insegnare, prima di tutto, la pratica della virtù; solo un vero sforzo dopo le buone azioni, sui passi del Nobile Ottuplice Sentiero, può essere trovata la Pace. Nel sentire le parole del Buddha, Subhadda non ebbe più dubbi, e si convertì. «Come uno che mostra il cammino a chi si è perso, o porta una torcia nell'oscurità, e ciò nonostante sei riuscito a mostrarmi la Verità, o Benedetto!». Il giovane bramino implorò di essere accettato come discepolo, e Ananda, portandolo in disparte, lo ricevette nell'Ordine. Gettò dell'acqua sulla testa, si rasò capelli e barba, e indossò la tonaca gialla. In seguito Subhadda ripeté i Tre Rifugi: «Trovo rifugio nel buddha, Trovo rifugio nella Verità, Trovo rifugio nella Fratellanza»; e ritornando dal suo Maestro, si sedette accanto a lui. Subhadda fu l'ultimo uomo che il Buddha convertì.

Quando il Buddha parlò di nuovo ad Ananda, gli domandò se, tra tutti i discepoli presenti, ci fosse qualcuno che aveva avuto dubbi sui suoi insegnamenti, invitando coloro ne avessero avuto a chiedere e parlare liberamente. Ma tutti i fratelli rimasero in silenzio. Il Buddha fece la stessa domanda una seconda volta, e una terza volta ancora, ma nessuno dei presenti aveva avuto dubbi o risentimenti.

La notte trascorse in silenzio con i discepoli accanto al Maestro. E al terzo quarto della notte il Buddha spirò.

· · · · · ·

Con una cerimonia solenne, e con tutti gli onori che si riserverebbero al corpo di un grande re, le persone di Kusinara si inchinarono al Benedetto. I nobili, seguiti da tutte le persone, camminarono in processione fino alla piantagione di shoree, portando ghirlande di fiori, profumi e spezie aromatiche, arpe e flauti e altri strumenti musicali. Al di sopra del posto dove giaceva il Buddha c'era una piccola tettoia sulla quale erano appese ghirlande di fiori di loto, e fino alla fine della giornata, le persone onorarono il defunto con inni, musica e riti religiosi.

Quando tutto fu pronto per bruciare il corpo, otto capitribù di Kusinara trasportarono il Benedetto attraverso il centro città, entrando dall'ingresso Nord e passando attraverso l'ingresso Est fino al posto dove era stato preparato il letto funebre. La processione fu lenta, le piccole strade erano colme di gente, le quali cospargevano le strade di fiori e spezie profumate. Quando il corpo fu completamente bruciato e tutte le cerimonie svolte debitamente, le ceneri vennero messe nella sala di consiglio. Per proteggere le ceneri, i soldati di Kusinara schierarono davanti i loro archi, e piantarono le loro lance lateralmente, come per creare una grata. E senza la sala di consiglio era una fila di elefanti, un'altra di fantini, e un'altra di carri. Per sette giorni le persone fecero visita alle reliquie con ghirlande di fiori, musica, e danze solenni.

Quando si seppe che il Buddha era morto a Kusinara, Ajatasattu, il re di Magadha, chiese una parte delle ceneri, perché voleva costruire un monumento di pietra nel quale deporre le ceneri, e creare una festa annuale in onore del Buddha. Le persone di Vesali fecero la stessa richiesta.

Allo stesso modo i Sakyas di Kapilavatthu.

In tutte le terre dove il Budda era conosciuto e amato, tutte le persone volevano onorarlo e ricordarlo sempre. In tutti, c'erano otto messaggeri che vennero a Kusinara per chiedere di dividere le ceneri. In un primo momento i nobili di Kusinara si opposero, in quanto il Benedetto era morto nella loro terra, e dissero che le ceneri sarebbero dovute restare dov'erano. Sarebbe scoppiata una lite furiosa se non ci fosse stato il bramino, che era un credente, che calmò gli spiriti e fece notare come sarebbe stato sbagliato se fosse scoppiato un conflitto per colpa dei resti della persona più buona dell'umanità, che aveva sempre professato la pace e la pazienza. Alla fine le ceneri vennero divise in otto parti, e per ogni parte fu costruito un monumento, in diverse parti del paese. Solitamente questi monumenti avevano la forma di un duomo, con all'interno una camera del tesoro dove erano custodite le reliquie. Le rovine di alcuni di questi sono state scoperte e riportate in superficie; Dovevano essere molto grandi, come per esempio, la costruzione fatta dai Sakyas, che si dice sia grande quando la cattedrale di St. Paul.

Questi monumenti si vedono in tutti i paesi buddisti. In Ceylon sono chiamate Dagabas, in altri posti Topes o Stupas. Sono stati fatti per te-nere viva la memoria del Benedetto, e non necessariamente per custodire le relique. Le persone portano fiori ai santuari, stanno lì e meditano, e al pensiero «Questo è il Dagaba del Benedetto, il Buddha», i cuori di molti si rallegrano e si rasserenano.

Capitolo XV
La Diffusione della Fede

ABBIAMO VISTO COME Gotama il Buddha, il grande riformatore, purificò le credenze religiose della sua terra natale e presentò agli uomini d'Oriente l'ideale più alto che fosse stato concepito dall'umanità prima dell'era cristiana. Gardare al mondo intero e a ogni essere vivente con sentimenti di amore e compassione, sopprimere l'odio con l'amore, seguire la virtù come unico fine, senza cercare una ricompensa oltre la pace interiore e la tranquillità del cuore, questo è ciò che il Buddha si aspettava dai suoi fedeli. Può sembrare una grande sfida nei confronti della natura umana, eppure questa religione che domanda molto, e sembra promettere poco, ha richiamato a sé molti fedeli. Dal momento che il buddismo è presente in gran parte nel continente asiatico: in Ceylon, Birmania, Siam, Giappone, Cina, Tibet, e altri Paesi ancora, ci sono cinquecento milioni di uomini e donne che professano la fede di Buddha. Nonostante la sua vasta diffusione; il buddismo è forse, ancora l'unica religione che non ha mai fatto uso della spada per diffondere la sua dottrina.

Quando una religione è professata da molte etnie differenti tra loro, con idee e modi di pensare diversi, è impossibile che la sua pratica sia esattamente la stessa nei diversi paesi in cui ha trovato origine. Come il cristianesimo di Roma è diverso dal movimento religioso dei Quaccheri, lo stesso vale per il buddismo del Tibet, che con le sue cerimonie e riti elaborati, si differenzia dalla forma più semplice della Fede che viene invece praticata in Ceylon e in Birmania. Si potrebbe pensare forse, che il buddismo sia ancora florido e ben diffuso in India, la terra dove è nato, ma non è proprio così. Sebbene la fede buddista sia cresciuta e si sia diffusa nel territorio indiano per molti secoli, alla fine il Brahmanesimo riconquistò il controllo sul popolo, e oggi la dottrina del Buddha è quasi sconosciuta nella terra dove egli visse e insegnò per molti anni. Nonostante la religione buddista nonsia professata da molto tempo dalla popolazione indiana, la sua influenza è ancora presente. Gli insegnamenti del Buddha resistono ancora nei principi di amore e gentilezza nei confronti di tutte le creature e in molte società caritatevoli dell'induismo moderno.

Dopo la morte del Buddha, che avvenne nel 480 Avanti Cristo, i piccoli stati indiani, dei quali abbiamo sentito parlare nella nostra storia, passarono attraverso molti cambiamenti. Nel corso di molte guerre e tumulti, il regno di Magadha estese gradualmente i suoi confini, conquistando molti stati circostanti. La capitale di Magadha, in passato Rajagaha, divenne Pataliputta, una grande e ricca città, che si ergeva nelle fondamenta dell'attuale Patna. Le rovine di Pataliputta sono state rintracciate, ma, trovandosi a circa sei metri di profondità sotto la città attuale, gli scavi furono difficili. Magahda ebbe un ruolo importante tra gli stati indiani, e ai tempi dell'invasione in India da parte di Alessandro Magno, nel 327 avanti Cristo, era un regno grande e potente.

Alla morte di Alessandro, il suo grande impero fu diviso in diversi regni, dei quali molti erano a nord ovest dell'India. A un anno dalla sua morte, gli abitanti delle province conquistate iniziarono una rivolta. Il loro leader era un giovane chiamato Chanda-gutta, lontando discendente dalla famiglia reale di Magadha. In passato era stato un brigante e certamente fu un uomo di grande abilità perché riuscì a liberare i suoi conterranei cacciando gli invasori greci fuori dall'India. Quando scoppiò una rivolta a Pataliputta, Chanda-gutta capeggiò i ribelli, e portandoli ancora una volta alla vittoria; il re fu spodestato, condannato a morte con tutti i membri della sua famiglia e Chanda-gutta fu proclamato re di Magadha. Regnò per ventiquattro anni e fu un monarca capace e talvolta severo. Chanda-gutta allargò i suoi domini con grandi conquiste e, avendo per la prima volta unificato tutta l'india sotto un'unica monarchia, potrebbe essere ritenuto il primo Imperatore dell'India. Suo figlio Bindusaragli succedette e regnò per ventotto anni, ma di lui si sa veramente poco.

Il grande impero indiano fondato da Chandagutta, fu quindi ereditato da suo nipote Asoka, il quale ascese al trono nel 273 Avanti Cristo.

Come suo padre e suo nonno, Asoka crebbe con la fede dei Bramini. Si dimostrò un monarca saggio e giusto e durante il suo regno di quaranta anni, fece molto per il bene del suo grande dominio.

Al trentesimo anno di regno, Asoka dichiarò guerra a Kalinga, un regno confinante sulla baia del Bengala. Prima che Kalinga fosse sconfitto, ci fu una grande battaglia con vasto spargimento di sangue. Il numero dei caduti sul campo ammontò a cento mila, inoltre moltifurono fatti prigionieri e molti altri morirono per malattie. Alla fine l'esercito di Asoka ne uscì vittorioso, e Kalinga divenne una provincia dell'impero indiano.

Quando leggiamo delle vite dei grandi conquistatori i cui nomi sono diventati famosi nella storia, come ad esempio Alessandro Magno, Napoleone, e altri ancora, possiamo notare come il successo abbia aumentato la loro sete di conquista. A prescindere dalla miseria che segue l'invasione armata, continuarono a pianificare incursioni, sempre desiderosi di conquistare altre terre.

L'effetto della conquista nell'impero indiano fu ben diverso. Asoka fu colpito al cuore dai problemi che aveva causato a Kalinga, e l'effetto dei suoi rimorsi fu di vasta portata. Come facciamo a conoscere così bene il pensiero di un imperatore che visse più di due mila anni fa? Quando Asoka emanò i suoi editti, o proclamazioni, ordinò che fossero incisi sulla pietra e sui pilastri. In lungo e in largo attraverso il territorio indiano è possibile trovare questi monumenti che portano scolpite le parole dell'imperatore Asoka.

Alcune delle iscrizioni si trovano su colonne alte ed eleganti, spesso finemente decorate con bassorilievi di fiori e animali; altre sono incise su rocce e grotte, in luoghi deserti e selvaggi, circondati da una fitta giungla intricata. Per molto tempo nessuno riuscì a comprendere queste incisioni, poiché erano state scritte in una lingua dimenticata. Poco per volta, dopo studi attenti e accurati, degli studenti riuscirono a decodificarle. Così oggi, riusciamo a comprendere il significato delle parole di Asoka. É sorprendente che queste lettere incise sulla roccia siano in grado di riportarci i pensieri di un re che visse molti secoli fa!

Uno degli editti più interessanti fu pubblicato quattro anni dopo la conquista di Kalinga, e veniamo a conoscenza della «profonda pena e tristezza» provata dalla «Sua Sacra Maestosità» per la miseria che causò dalla guerra. Nelle parole del re, «Centocinquanta mila persone furono fatte prigioniere, cento mila furono uccise, e moltissime altre persone scomparvero». Asoka continua il racconto parlandoci del rimorso che provò per aver conquistato Kalinga, «perché la conquista di un paese in precedenza indomito, porta a massacro, morte, e prigionia». Si rammarica del fatto che, a causa della guerra, persone buone e innocenti abbiano sofferto dolore e avversità. Ma l'annuncio più importante di questo editto è che immediatamente dopo l'annessione di Kalinga, Sua Maestà iniziò a tutelare con zelo la Legge della Fede, a diffonderla con amore e entusiasmo». La «Legge della Fede» alla quale il re si riferisce, è la Dottrina del Buddha. Questo fu il risultato del rimorso di Asoka — adottò la fede di chi cerca, non per uccidere, ma per risparmiare la vita, che ha come obiettivo portare felicità a tutti gli esseri viventi. Il suo dolore per essere stato la causa della sofferenza di persone innocenti non fu vano, perché dal giorno che abbracciò la Fede del Buddha, Asoka fece tutto ciò che era in suo potere per promuovere la felicità e il benessere del suo popolo. «Tutti gli uomini sono miei figli», disse Asoka, «e come tali, desidero che essi possano godere di prosperità e pace, sia in questa che nell'altra vita, inoltre desidero lo stesso per tutti gli uomini». Parlando delle tribù non conquistate ai confini dell'impero, Asoka auspica che non abbiano paura di lui, che possano fidarsi, e che possano ottenere da lui felicità e non sofferenze. Non fu questo re, che conquistò se stesso, ben più grande di tutti quei sovrani che conquistarono nazioni e regni, lasciandosi alle spalle la memoria di sofferenze mai raccontate?

Per due anni e mezzo dopo la sua conversione Asoka fu un discepolo modello, in seguito entrò nell'Ordine e da quel momento svolse il duplice compito di monaco e di sovrano di un vasto impero. Lavorò duramente per il bene del suo popolo, e in molti modi migliorò le loro condizioni. Furono costruiti ponti e strade, e furono piantati molti alberi. Furono costruiti dei rifugi lungo le strade più importanti, oltre che delle sistemazioni per il confort dei viaggiatori. Furono fondati ospedali in tutto l'impero, sia per le persone che per gli animali. Forse non sapete che i buddisti furono i primi a creare gli ospedali e i primi a dedicare attenzioni speciali alla cura delle malattie. Al giorno d'oggi ci sono cliniche veterinarie in molte zone dell'India, che sono monumenti dell'amore dei buddisti verso gli animali.

Asoka si dedicò con grande impegno al benessere del popolo, ma il regalo più grande che fece loro fu l'insegnamento delle dottrine del Buddha. Così mandò degli insegnanti in ogni luogo dell'impero, poiché il buddismo non si era diffuso in tutta la penisola Indiana. Furono emanate delle leggi che assicuravano la tutela dei precetti del Buddha, in modo particolare riguardanti il rispetto degli animali. Non fu più possibile offrire in sacrificio il bestiame, inoltre fu proibita l'uccisione di alcune specie di animali e ucelli, se non per scopi alimentari. La caccia reale fu abolita e il re, invece di andare alle spedizioni di caccia, come era solito fare prima della conversione, faceva pellegrinaggi in luoghi sacri per i buddisti. Per due volte visitò la città natale del Buddha, dove fu eretto un pilastro con l'incisione « Qui nacque il Benedetto ». Asoka fece pellegrinaggi nelle zone dove si svolsero gli episodi più importanti della vita del Buddha, il sacro ficus religioso sotto al quale Gotama ricevette l'Illuminazione, il Monastero di Jeta dove insegnò molti dei suoi comandamenti e la piantagione di shorea a Kusinara, dove il Buddha passò a miglior vita. Molti monasteri e stupa furono eretti da Asoka, e vicino all'albero sacro dell'Illuminazione costruì un bellissimo tempio, di cui possiamo ancora oggi trovare i resti.

Nonostante Asoka fosse molto legato alla fede a cui si convertì, mostrò sempre uno spirito tollerante nei confronti di chi professava un altro credo. Uno degli editti in materia di tolleranza dice questo: «La sua Sacra e Grande Maestà porta rispetto agli uomini di tutte le religioni In accordo con gli insegnamenti del Buddha, Asoka ritenne giusto mantenere la condotta religiosa al di sopra di schemi e ritualità codificate; era piuttosto di fondamentale importanza che l'uomo si comportasse secondo il proprio credo.

Durante il regno di Asoka, si tenne un grande concilio buddista a Pataliputta. In occasione di questa importante assembleafurono recitate le scritture buddiste, e venne stabilita la Dottrina, in quanto c'erano state eresie e divisioni nella chiesa buddista, come in tutte le altre comunità religiose. Questo fu il terzo concilio tenuto dagli anziani del movimento religioso da quando il Buddha era morto.

Non contento di aver stabilito la Fede in tutti i suoi possedimenti, Asoka creò uno schema di diffusione degli insegnamenti del Buddha nei paesi stranieri. Pensate all'imponenza di un'impresa così vasta ed ambiziosa , iniziata in un momento storico in cui i mezzi di trasporto erano cosi diversi rispetto ai giorni nostri! I missionari erano sparsi nella regione dell'Himalaya e le terre confinanti a Nord-Ovest dell'impero, col risultato che, col tempo, la fede arrivò in Tibet, Cina, Mongolia, Corea e Giappone, nei quali è tuttora presente. I onaci missionari furono inviati anche in Asia occidentale, Europa dell'Est, e perfino in Africa setten-trionale. Nell'isola di Ceylon, Asoka mandò suo figlio (o come dicono alcuni, suo fratello più piccolo) Mahinda, il quale era entrato nell'Ordine dei monaci dodici anni prima. Mahinda arrivo in Ceylon con un gruppo di monaci e fu ben accolto dal Re, il quale, dopo poco tempo, si convertì al buddismo, e molti seguirono il suo esempio. La capitale del Ceylon era ai tempi Anuradhapura e lì, il re, costruì un grande monastero e un magnifico Dagaba, che esiste ancora oggi.

Mahinda passò il resto della sua vita nel Ceylon. Non lontano da Anuradhapura si trova una bellissima collina che si erge al di sopra delle pianure circostanti; sulla parte occidentale è stata scavata nella roccia una piccola caverna; questo rifugio pacifico, lontano dal caos della città, era lo studio di Mahinda. Qui si spense dopo una vita lunga vissuta a favore degli altri.

Vi ricorderete che quando il Buddha apprese la saggezza che gli per-mise di diventare il maestro per l'umanità, era seduto in meditazione, sotto un ficus religioso ai confini della giungla Uruvela. Quest'albero, da allora chiamato Albero dell'Illuminazione, o Albero della Saggezza, fu guardato con venerazione, perché il Buddha entrò nella Pace Eterna tra i suoi rami! Era naturale che i nuovi convertiti in Ceylon avessero il desiderio di piantare una talea di questo albero sacro e implorarono il re Asoka di dar loro una radice. La figlia del re, che era entrata nell'Ordine, si recò in Ceylon con un gruppo di monache e portò loro una radice del prezioso albero. Fu piantato ad Anuradhapura, dove crebbe e fiorì, e si trova ancora lì, l'albero più vecchio della storia del mondo. I monaci che vivono in uno degli antichi monasteri si prendono cura dell'albero vecchio quasi due mila anni e lo custodiscono come un tesoro come memoriale del loro amato Maestro. Della splendida Anuradhapura è rimasto poco da vedere, perché l'antica città è stata sepolta per la gran parte dalla giungla.

Sebbene il buddismo possa essere diverso per molti aspetti dal nostro credo, non possiamo non rispettare una Fede che è stata la luce guida di molti uomini. Come Asoka, onoriamo coloro, qualunque sia la loro religione, che seguono la verità che è stata data loro.

Un uomo che cercava la verità, un giorno andò dal Buddha e gli chiese: « Nel turbine del fiume della vita, ricolmo di morte e decadenza, dove posso trovare un'isola, un rifugio dal male del mondo? ». C'è un'isola, disse il Buddha, dove la morte non ha potere : è il Nirvana, la Pace Eterna. Da quando furono pronunciate quelle parole, una miriade di persone ha indirizzato il proprio corso verso quell'altra sponda sicuri della promesse del Buddha, e che laggiù finalmente troveranno la Pace!

Libri Consultati

- *Buddhism.* Rhys Davids.
- *Buddhism.* Mrs Rhys Davids.
- *The Life of the Buddha.* W. Rockhill.
- *The Life of Gaudama.* Bigandet.
- *Buddha.* Trans, from the German of Oldenberg.
- *Buddhist Birth Stories.* Rhys Davids.
- *Buddhist Suttas.* Trans, by Rhys Davids.
- *Dialogues of the Buddha.* Trans, by Rhys Davids.
- *The Dhammapada and Sutta-Nipata.* Max Miiller and Fausboll.
- *Buddhism.* Coplestone.
- *Buddhist India.* Rhys Davids.
- *Asoka.* (Rulers of India Series.) Vincent Smith.

Discovery Publisher

Discovery Publisher is a multimedia publisher whose mission is to inspire and support personal transformation, spiritual growth and awakening. We strive with every title to preserve the essential wisdom of the author, spiritual teacher, thinker, healer, and visionary artist.